新时代大学生思想政治教育理论与实践研究

韩艳阳　胡晓菲　肖丽霞◎著

北京燕山出版社
BEIJING YANSHAN PRESS

图书在版编目（CIP）数据

新时代大学生思想政治教育理论与实践研究 / 韩艳阳，胡晓菲，肖丽霞著. -- 北京 : 北京燕山出版社，2021.12

ISBN 978-7-5402-6229-7

Ⅰ. ①新… Ⅱ. ①韩… ②胡… ③肖… Ⅲ. ①大学生－思想政治教育－研究－中国 Ⅳ. ①G641

中国版本图书馆 CIP 数据核字(2021)第 232671 号

新时代大学生思想政治教育理论与实践研究

作　　者	韩艳阳　胡晓菲　肖丽霞
责任编辑	金贝伦　贾　玮
封面设计	白白古拉其
出版发行	北京燕山出版社有限公司
社　　址	北京市丰台区东铁匠营苇子坑 138 号 C 座
电　　话	010-65240430
邮　　编	100079
印　　刷	北京四海锦诚印刷技术有限公司
开　　本	787mm × 1092mm　1/16
字　　数	213 千字
印　　张	10.75
版　　次	2022 年 8 月第 1 版
印　　次	2022 年 8 月第 1 次印刷
定　　价	70.00 元

前　言

“青年兴则国家兴，青年强则国家强。”大学生是祖国的希望与未来，其思想政治素质如何，将决定中国特色社会主义能否顺利推进。习近平总书记在十九大报告中指出：“中国特色社会主义进入了新时代，这是我国发展新的历史方位。”面对这一新的历史方位，我国的时代特点也随之发生改变，大学生作为思想政治教育的受教育者，正处于思想观念、价值观日趋成熟的阶段，时代特点必然会向大学生提出新要求、赋予新使命，给大学生思想政治教育带来机遇，同时也不可避免地给大学生思想政治教育带来新问题。因此，在社会经济飞速发展的今天，提高大学生思想政治水平和道德水平，让大学生自觉承担起建设中国特色社会主义的重要责任，已成为新时代的一项重要课题。

本书旨在科学地诠释大学生思想政治教育涵盖的相关内容，在内容编排上共设置六章：第一章是大学生思想政治教育概述，内容包括大学生思想政治教育的内涵与特征、大学生思想政治教育的目的与任务、大学生思想政治教育的功能、大学生思想政治教育的主体与对象分析；第二章分析新时代大学生思想政治教育理论，内容涉及新时代社会主义核心价值观理论与内涵、新时代大学生社会主义核心价值观培育的意义及其策略；第三章解析新时代大学生思想政治教育的内容与方法；第四章基于思想政治教育者的特征与职能、大学生思想政治教育中辅导员的工作定位与师德建设、大学生思想政治教育教师团队优化建设与管理三方面探讨大学生思想政治教育的教学工作优化管理；第五章研究大学生思想政治教育的机制创新，内容囊括大学生思想政治教育的管理机制、保障机制和评价机制；第六章是新媒体时代大学生思想政治教育发展前瞻，内容涉及新媒体与大学生思想政治教育的理论阐释、新媒体时代大学生思想政治教育的机遇与挑战、新媒体时代大学生思想政治教育的优化策略。

全书以通俗的语言、科学的论证以及严谨务实的态度为读者详细解读了新时代大学生思想政治教育的内涵，阐明新时代大学生的未来发展变化与未来社会的发展要求的一致性。

笔者在撰写本书的过程中，得到了许多专家学者的帮助和指导，在此表示诚挚的谢意。由于水平有限，加之时间仓促，书中涉及的内容难免有疏漏之处，希望各位读者多提宝贵意见，以便笔者进一步修改完善。

目录

第一章 大学生思想政治教育概述

第一节 大学生思想政治教育的内涵与特征

大学生思想政治教育是指一定的社会用一定的思想观念、政治观点、社会规范，对大学生施加有目的、有计划、有组织的教育影响，使他们形成符合该社会所要求的思想政治品德的社会实践活动。在我国，大学生思想政治教育是指教育者按照我国社会发展要求对大学生进行教育，使他们形成符合我国社会所要求的思想政治品德的社会实践活动。

一、大学生思想政治教育的理论指导及其依据

（一）坚持马克思主义科学体系

马克思主义是一个由一系列的基本理论、基本观点和基本方法构成的完整而科学的体系。它可以分为两大部分：一是马克思主义的基本原理，二是中国化的马克思主义。坚持马克思主义对大学生思想政治教育的指导，是坚持用完整、准确和发展的马克思主义来指导。只有完整、准确地把握好马克思主义，用发展的观点来把握好马克思主义，才是科学地把握马克思主义。只有科学地把握好马克思主义，才能使马克思主义对大学生思想政治教育的指导落到实处。

1. 马克思主义基本原理

马克思主义基本原理主要由马克思主义哲学、政治经济学和科学社会主义三个部分组成。大学生思想政治教育以马克思主义基本原理为指导，主要是这三部分的指导。

（1）马克思主义哲学的指导。马克思主义哲学，即辩证唯物主义和历史唯物主义。它是研究自然、社会和人类思维一般规律的科学，为我们提供了科学的世界观和科学的方法论，是马克思主义全部学说的基础，是一切学科研究的根本指导思想，也是思想政治教育和思想政治教育学研究的根本指导思想。坚持以马克思主义哲学为指导，就是要运用马克

思主义唯物的观点、辩证的观点、实践的观点、群众的观点、阶级的观点、社会矛盾的观点，以及科学的方法为指导，来分析和解决大学生思想政治教育中的问题，来构建大学生思想政治教育的科学理论体系。

（2）马克思主义政治经济学的指导。马克思主义政治经济学揭示了资本主义的基本矛盾，论述了生产力和生产关系辩证统一的理论，阐明了经济关系和物质利益的原理，科学地解释了人们从事社会实践活动的物质动因。马克思主义的物质利益观要求大学生思想政治教育要与大学生的利益相结合而不是相分离。这就为大学生思想政治教育解决大学生的实际问题提供了理论依据。

（3）科学社会主义的指导。科学社会主义理论分析了资本主义生产关系，发现了剩余价值，从而彻底地揭示了资本主义的剥削实质及其产生、发展和灭亡的规律，科学地论证了社会主义代替资本主义的历史必然性，这就为大学生思想政治教育规定了根本的目的和任务。大学生思想政治教育要以科学社会主义理论为指导，引导大学生树立社会主义思想意识，坚持社会主义方向，牢固确立建设中国特色社会主义的共同理想和实现共产主义的坚定信念。这是大学生思想政治教育坚持科学社会主义理论指导的根本原因所在。

2. 当代马克思主义中国化

当代马克思主义中国化，即毛泽东思想、邓小平理论、“三个代表”重要思想、科学发展观和习近平新时代中国特色社会主义思想。中国化马克思主义，是马克思主义基本理论和中国革命与建设实际相结合的理论成果，是中国共产党人领导中国人民创造的精神财富，是在中华民族传统文化基础上发展起来的先进文化，是我国获得独立与解放、建设与振兴的理论指南，是与时俱进的马克思主义。

要建设中国特色社会主义，开展大学生思想政治教育，不仅要用马克思主义基本原理指导，而且还应当用“具体的马克思主义”来指导。中国化的马克思主义对大学生思想政治教育的指导是系统而全面的指导，不仅包括对大学生思想政治教育的方向、目的、地位、任务、内容、范畴、功能、原则、对象、方法、创新的指导，也包括对如何加强大学生思想政治教育队伍的管理与建设、加强大学生思想政治教育的环境建设、加强和改善大学生思想政治教育领导的指导等等，这种指导的内容十分丰富。

（二）大学生思想政治教育的理论依据

在完整、准确地学习、把握马克思主义科学体系的基础上，需要进一步把握与大学生思想政治教育密切相关的马克思主义的基本理论原理，这些基本理论原理主要有以下几个方面：

1. 社会历史发展总趋势理论

马克思主义从社会存在与社会意识的辩证关系出发，深刻地揭示了生产力和生产关系、经济基础和上层建筑矛盾运动等一系列规律，指出社会形态的发展是由经济基础和上层建筑的矛盾直接推动的，而经济基础和上层建筑的矛盾又是受生产力和生产关系的矛盾制约的，社会生产力的发展是社会形态更替的根本动力和根本原因。这为人们正确认识资本主义社会和社会主义社会、为人们从根本上认识大学生思想政治教育的目的提供了科学指导。

马克思主义关于社会历史发展总趋势的理论，从总体上决定了大学生思想政治教育的地位、作用、目的、任务、内容和效果。大学生思想政治教育是中国特色社会主义事业的重要组成部分，是为实现中国特色社会主义历史使命服务的，具有十分重要的战略地位。大学生思想政治教育的根本目的就在于帮助大学生树立中国特色社会主义的共同理想，坚定对社会主义的信念，培育一代又一代中国特色社会主义的建设者和接班人，保证中国特色社会主义的性质和方向。大学生思想政治教育的正确与否，都要以是否符合社会历史发展的必然趋势和要求为根本标准；大学生思想政治教育效果的好坏与大小，主要视其对大学生树立坚定的社会主义信念、增强大学生的历史使命感、提高大学生的思想政治素质所起的作用而定。

2. 社会存在与社会意识辩证关系原理

社会存在与社会意识辩证关系的原理，是唯物史观最根本的原理，它科学地回答了社会历史观的基本问题，揭示了唯物史观的实质。正确认识这一问题是解决其他社会历史观问题的前提和基础。

社会存在与社会意识辩证关系原理的基本内容是：社会存在决定社会意识，社会意识是社会存在的反映，社会存在的性质和变化决定社会意识的性质和变化。社会意识具有相对的独立性，对社会存在具有能动的反作用。进步的、革命的、科学的社会意识能够促进、加速社会存在的发展，落后的、反动的、不科学的社会意识对社会存在的发展变化起着阻碍、延缓的作用。

这一原理要求高校在大学生思想政治教育工作中正确认识两者的关系，既要认识到社会存在的决定作用，又要认识到社会意识具有相对独立性，对社会存在具有能动的反作用，要帮助大学生树立正确的社会意识，克服错误的社会意识；要反对割裂两者的辩证关系，既要反对片面夸大社会意识的能动作用、否认社会存在的决定作用，防止大学生思想政治教育“万能论”的错误倾向，又要反对否认社会意识能动性，防止和克服大学生思想政治教育“无用论”的错误倾向。

社会存在的多样性，必然会造成大学生思想的复杂性。开展大学生思想政治教育就必须考察大学生在社会生活中所处的地位，所处的政治环境、经济环境、文化环境、人际环境和身心发展的特点，以便把握其思想的形成、变化的外部影响因素，根据社会存在决定人们思想的规律，有针对性地开展教育活动，增强大学生思想政治教育的有效性和科学性。这一原理告诉人们，教育者的任务必须是通过教育活动发挥好社会意识的能动作用，向大学生传播先进的、科学的思想和理论，以此武装大学生的头脑，帮助大学生转变落后的、错误的思想认识，促进大学生健康成长成才。总之，社会存在与社会意识辩证关系的理论，为正确认识大学生某一思想的产生、发展的规律，认识大学生思想政治教育的本质，为确立大学生思想政治教育的地位、作用提供了科学的理论依据，是开展大学生思想政治教育的锐利武器。

3. 人民内部矛盾学说

在社会主义改造基本完成以后，剥削阶级已被消灭，阶级斗争已不再是我国社会的主要矛盾，人民内部矛盾已成为我国社会生活的主要矛盾，严格区分和正确处理两类不同性质的矛盾就显得十分重要。

大学生思想与行为中的矛盾一般都是人民内部矛盾，因此，关于正确处理人民内部矛盾的学说，是确定大学生思想政治教育的方针、原则、立场、态度、方法的直接理论依据。对于大学生的思想认识问题，只能采取讨论的方法、说理的方法、批评和自我批评的方法去解决。在大学生思想政治教育工作中，只有符合正确处理人民内部矛盾要求的教育方针、原则、立场、态度、方法才是正确的；反之，则是错误和有害的。

4. 人的本质学说

马克思主义科学地揭示了人的本质，认为人的本质在于人的社会性，是人区别于动物的本质属性。社会关系的内容是极其丰富的，有经济关系、政治关系、法律关系、文化关系、伦理道德关系、民族关系、家庭关系等等，其中，经济关系起主导作用，它是一切社会关系中的主要因素，政治、文化关系建立在经济关系之上，受经济关系制约。人与动物区别开来的主要标志是人们的生产劳动。

马克思主义关于人的本质理论，为正确认识大学生、科学开展大学生思想政治教育活动提供了理论指导。大学生思想政治教育的对象是大学生。大学生思想政治教育是帮助大学生树立正确思想的一种教育实践活动。科学地开展大学生思想政治教育活动，必须先要认识大学生，了解大学生，把握大学生的思想形成与发展的规律。研究和掌握人的本质理论有助于教育者正确认识大学生和把握大学生的思想形成与发展的规律。原因在于：

第一，大学生的思想是在一定的社会关系中，通过参加社会实践活动而形成、发展的，各种社会关系对大学生思想的形成和发展产生极其重大的影响，其中经济关系对大学生的思想影响是关键。在坚持人的本质在于人的社会性的前提下，通过考察各种社会关系对大学生的思想影响，有助于认识和把握大学生的思想形成的物质原因和社会根源。

第二，大学生的本质是变化发展的，这种变化发展必然导致大学生的思想的变化，研究人的本质变化、发展的理论，有助于科学地、动态地认识大学生思想的运动、变化的特点。

第三，大学生的本质是在一切社会交往关系中实现的。大学生的社会交往关系越丰富，大学生活动范围和接触事物的广度和深度就必然增加，大学生就能从中接收到丰富的信息和进行广泛的人与人之间的思想交往。例如，在教育活动中，大学生与教育者进行双向交往与互动，大学生就会受到教育者的引导和帮助，使自己形成新的思想政治品德。所以，在人的本质理论指导下，不仅可以认识大学生的思想形成的规律，而且能遵循大学生的思想政治品德形成规律，科学地实施教育活动。

总之，只有坚持以马克思主义人的本质学说为指导，才有可能科学地分析大学生的本质和思想特点，营造良好的育人环境，引导大学生树立正确的世界观、人生观、价值观，使大学生的成长成才与我国社会进步的发展方向相一致。

5. 人的全面发展理论

马克思主义关于人的全面发展，是指个人劳动能力（体力和智力）多方面的、充分的、和谐的、自由的发展。这里所指的“个人”不是指个别人，而是指“每个人”“任何人”“全体社会成员”。人的全面发展是相对于人的片面发展而言的。人的片面发展是指私有制下的旧式社会分工造成的使人终身束缚于一种职能的畸形状态，这种片面发展的人，只是承担一种社会局部职能的局部个人。按照马克思主义对全面发展的人的论断，他们应该是“会做一切工作的人”“具有尽可能广泛需要的人”“高度文明的人”。

马克思主义关于人的全面发展的理论，是党和国家确定大学教育方针、目的和培养规格，确定大学生思想政治教育根本任务和目标的重要理论根据。

人的全面发展理论要求大学要为社会培养全面发展的人。为达此目的，大学必须施行全面发展的教育，全面发展的教育包括德育、智育、体育和美育，它们各有自己的特点、功能和规律，是相对独立的，对于实现人的全面发展又是缺一不可的，不能互相代替。同时，它们又是相互联系、相互制约的。大学生思想政治教育，即大学全面发展教育中德的教育，它是大学全面发展教育的重要组成部分，是大学生全面发展诸因素中的主导条件，关系到大学生成长成才的方向，对大学生的全面发展具有重要的保证、促进作用，是大学教育的根本问题。教育者的责任之一就是要教育引导大学生正确认识和处理好诸因素之间的关系，为培养全面发展的人才做出应有的贡献。

人的全面发展理论要求在大学生思想政治教育过程中，注重激发大学生的身心潜能，充分发挥大学生的自主能动性，引导教育大学生广泛培养兴趣、爱好，广泛发展大学生的社会交往能力，增强其创造意识，开发其创造能力。这是大学生的全面发展教育和提高民族素质的应有之义，也是增长大学生的本质力量、推动社会进步之需。

二、高校思想政治教育的基本特征

（一）开放性特征

全球化是当今时代的重要特征和必然趋势。全球化时代的高等教育是一种开放式教育，在这一背景下，大学生思想政治教育无论是环境、过程，还是内容的开放性越来越显著。突出地表现在：在中外政治、经济和文化交流活动日益频繁的形势下，不同国家的高校思想政治教育可以求同存异和相互借鉴；高等教育和社会之间的界限逐渐变得模糊起来，高校思想政治教育更加贴近社会实际生活；大学生自觉地把自己融入到社会中去，各种社会思潮在当代大学生身上都有不同程度的表现；高校的改革和发展必须接受市场的检验和选择，高校和社会之间共生互动的新格局正在形成。高校思想政治教育只有与全球教育发展的历史趋势相适应，与社会主义市场经济建设的进程相协调，与当代大学生的全面发展相结合，发扬与时俱进和求真务实的精神，才能永葆生机和活力。

高校思想政治理论课开放性教学的特征主要表现在以下几方面：

1. 人本性

“人本性”是相对“物本性”“神本性”而言的。“以人为本”强调人的价值高于物的价值和神的价值。从价值论视角看，坚持“以人为本”强调人的价值的至上性。马克思主义坚持以最广大人民即绝大多数人为本，坚持以解放全人类、促进每一个人自由全面发展为最终目标。高校思想政治理论课开放性教学是以马克思主义“人本论”为理论基础的。

高校思想政治理论课不同于一般的专业课程，它的主要任务是培养大学生的思想政治素质，增强大学生的主体性，这就决定它必须坚持马克思主义的“人本论”。高校思想政治理论课开放性教学的“人本性”主要体现在三个方面：第一，体现在它把“以学生为本”作为核心理念。“以学生为本”这一理念是构建高校思想政治理论课开放性教学的理论基石，是贯穿这一教学模式的中心线索，是渗透于这一教学模式的精神灵魂，是决定这一教学模式性质的精神实质。第二，高校思想政治理论课开放性教学的“人本性”体现为教学方法的人本性。它要求思想政治理论课教师在教学中要关心学生、爱护学生、尊重学生、体贴学生、帮助学生、引导学生，而不能压制学生，更不能打骂学生，贬低学生、损害学生。第三，高校思想政治理论课开放性教学的“人本性”还体现在教学是为了满足学生的精神文化需求，促进学生全面发展。

2. 科学性

“科学”与“人本”是两种不同的价值取向，科学的价值取向是求真，人本则是求善；科学属于合规律性，人本属于合目的性。高校思想政治理论课开放性教学新模式不仅具有人本性，而且具有科学性，是求善与求真的统一、合目的性与合规律性的统一。高校思想政治理论课开放性教学具有科学性主要是因为它是以科学理论为依据，以科学实践为基础，以科学精神为指导，运用科学方法建构起来的。

第一，高校思想政治理论课开放性教学是在坚持科学立场的基础上建构起来的。科学立场即实事求是的辩证唯物主义立场。高校思想政治理论课开放性教学是建立在科学立场上的。它要求教师在思想政治理论课教学中，坚持一切从实际出发，按客观的教学规律办事，求真务实，做到“不唯书，不唯上，要唯实”。

第二，高校思想政治理论课开放性教学是以科学理论为依据的。马克思主义理论是人类历史上最科学的世界观和方法论，是追求真理、探索真理，揭示客观规律的行动指南。高校思想政治理论课开放性教学就是以马克思主义为理论基础的，马克思主义关于“以人为本”的思想是“以学生为本”这一新的教学理念的哲学基础。马克思主义既是科学的世界观，又是科学的方法论。高校思想政治理论课开放性教学就是以马克思主义为指导，运用马克思主义的科学方法论建构起来的。高校思想政治理论课开放性教学不仅以马克思主义为理论基础，而且批判地吸收了现代西方教学理论中的合理成分，比如人本主义教学论、建构主义教学论等都为思想政治理论课开放性教学提供了科学的理论依据。

第三，高校思想政治理论课开放性教学是一个完整的科学体系。它由“一个核心理念”与“三个基本要素”所构成，层次清楚，逻辑严密，具有系统整体性特征。离开了系统整体性，就不能成为一个科学体系。高校思想政治理论课开放性教学新模式是一个有机的整体，“一个核心理念”与“三个基本要素”有机结合，缺一不可。

第四，高校思想政治理论课开放性教学采用了科学方法。高校思想政治理论课开放性教学运用了马克思主义的科学方法论。唯物辩证法是分析问题和解决问题的最一般的科学方法论。这一教学模式正确处理了教师指导主体与学生学习主体的辩证关系、科学性与人本性的辩证关系、教学管理与人文关怀的辩证关系、校园内部环境与外部环境的辩证关系、传统教学手段与现代教学手段的辩证关系、传承科学文化与创新科学文化的辩证关系、传统思维方式与创新思维方式的辩证关系，充分体现了唯物辩证法的思维方法。此外，还采用了现代科学方法，比如系统科学方法、创新科学方法等。

3. 和谐性

“科学性”的价值取向是“求真”，“人本性”的价值取向是“求善”，“和谐性”的价值取向是“求美”。高校思想政治理论课开放性教学的“科学性”“人本性”“和谐性”

等特点，体现了其价值取向的多样统一性，实现了“真、善、美”的有机统一。高校思想政治理论课开放性教学具有和谐性的特点。

（二）社会性特征

高校社会化是高校回应市场经济发展的时代取向，也是彰显高校价值的重要途径。高校社会化不仅包括开放办学、事业发展、教育教学实践、社会服务、科学运作的社会化，而且包括高校后勤工作的社会化。其中，后勤社会化对高校思想政治教育的影响最大，使高校思想政治教育社会化的程度越来越明显。突出表现在：社会大环境与校园小环境之间呈现立体式的交叉渗透、动态式的交流合作的格局，尤其是校园周边环境对大学生的思想发展具有重要的影响；各种教育教学基地、爱国主义教育基地、社会实践基地等教育资源建立起来并发挥着积极作用，社会实践成为大学生思想政治教育的重要组织形式。高校思想政治教育只有自觉地融入到丰富多彩的社会生活中去，才能真正实现内容、方法、途径、机制和体制的创新，才能有效地促进青年全面健康成长。

高校社会化的出现，对大学生的生活方式、交际方式、思维方式和价值取向会产生重大而深刻的影响，使得高校思想政治教育比计划经济时代更加复杂。在高校思想政治教育社会化的过程中，要从大学生的思想实际出发，积极探索高校思想政治教育的新内容、新方法、新手段和新机制，力争在教育思想、教育宗旨、教育模式上有所创新和突破。要积极开展具有民族特色和地方特色的大学生社会实践活动，比如开展贯彻习近平新时代中国特色社会主义思想和增强共产党员先进性教育的宣传活动，以实际行动落实科学发展观的活动，积极开展具有区域和专业特点的大学生实践活动和青年志愿者活动、各种社会公益活动和勤工助学活动，通过实际体验增强践行习近平新时代中国特色社会主义思想的坚定性、自觉性和积极性。同时，在高校思想政治教育社会化过程中，要始终保持正确的政治意识、大局意识、核心意识、看齐意识。高校思想政治教育的社会性和阶级性是一致的。只有保持阶级的先进性，才能确保社会性的正确方向；只有回归到社会生活中去，才能使阶级性落到实处。

（三）信息化特征

人类已进入了信息化时代。信息技术使人类的物质文明、精神文明和政治文明已发生巨大而深刻的变迁。信息生活成为大学日常生活的重要组成部分，并全方位地改变着大学生的日常生活、生活方式、思维方式和价值观念，高校思想政治教育信息化是时代发展的客观趋势，也是高校思想政治教育创新的必然举措。突出表现在：教育信息的海量化和更新的快捷性，网络空间的信息资源远远超过了传统的资源，而且更新的速度惊人；教育载体的开放性和参与性，网络载体是一个高度开放的新兴载体，任何人在其中都可以平等地进行教育和接受平等的教育；教育实践的隐蔽性和人际情感的间接性，网络教育是一种非面对面的间接性教育，人们可以借助网络接受知识、获取信息、交流情感，避免了人与人之间面对面的接触。适应高校思想政治教育信息化的要求，传统思想政治教育必须实现与信息化的整合，探索新的教育模式。

针对高校思想政治教育信息化的新特点，一方面要用马克思主义的基本立场、观点和方法对网络文化的“双刃性”进行全面、科学、深入的分析，弘扬主旋律，提倡多样化，坚持高校思想政治教育社会主义方向不改变；另一方面要正确认识信息化的具体特点和功能，发挥信息技术的优势，提高大学生思想政治教育的技术含量和效益。在教育宗旨上，以造就社会人格为本位；在教育主题上，以弘扬主体性为旨归；在教育机制上，以构建网络阵地为重点；在教育方法上，以现代化为取向。在构建高校思想政治教育信息化教育模式的过程中，要正确处理信息化教育和传统教育、自律教育和他律教育以及全球化和民族性之间的关系。

（四）创新性特征

创新是历史进步和人类自身发展的永恒动力，创新精神是时代精神的集中体现。高校在全民族创新体系建设中承担着重要历史使命，大学生思想政治教育创新是高校创新的重要内容，创新性是新时代高校思想政治教育的重要特征。

大学生思想政治教育的创新包括观念、内容、方法、手段、机制等方面，通过上述方面的创新，目的是实现高校思想政治教育由传统向现代的全面转型。在教育观念创新上，要实现封闭式教育向开放式教育转变，由补救式教育向前瞻式教育转变，由隐性教育向显性教育转变，由模式化式教育向个性化教育转变；在教育内容创新上，要加强习近平新时代中国特色社会主义思想教育、全球化教育、创新素质教育、人文素质教育和个性化教育；在教育手段创新上，要充分利用现代教育技术发展的成果整合高校思想政治教育资源，实现高校思想政治教育的科技化；在教育方法创新上，要把灌输法和体验法相结合，他教法和自教法相结合，激励法和人格法相结合，传统教育法和现代教育法相结合；在教育机制创新上，要建立科学的管理机制、充分的保障机制、有效的激励机制和全面的评估机制。在高校思想政治教育创新过程中，要注意借鉴中国传统道德教育的精华，继承和发扬党的思想政治教育的优良传统，同时要辩证地汲取国外大学生思想道德教育的有益成分。

（五）人文性特征

现代化的关键是人的现代化，社会主义的本质是人的全面发展。以人为本的科学发展观的提出，标志着中国共产党对人类社会发展规律认识得更加自觉，这对新时代各项工作都具有重要的指导意义。高校思想政治教育已树立了以学生为本的观念，把教育学生和关心学生结合起来，把塑造学生和服务学生结合起来，把校园文化建设和学生的健康成才结合起来，紧密围绕学生的成长和成才来进行，这充分反映出对学生的人文关怀，体现出人文性的特点。

重视对大学生的人文关怀，必须从当代大学生的思想实际出发，树立民主、平等、沟通和协商的新观念，把高校思想政治教育工作做细、做活、做实。要结合全球化对我国意识形态挑战的复杂形势和全面建成小康社会对当代青年提出的新要求，引导青年树立正确的世界观、人生观和价值观，使其成长为中国特色社会主义事业的合格建设者和可靠接班人。要深入细致地研究当代青年思想中的热点、难点和疑点问题，提高他们的人文素质，培养他们的人文精神。要加大校园文化建设的力度，通过各种形式的校园文化活动营造健康、文明、向上的生活氛围。要不断延伸高校思想政治教育的覆盖面，使思想政治教育工作进公寓、进社团、进网络。要针对不同层次的学生开展不同形式的教育，力争使所有学生都能健康成才。要把党的建设工作和学生的思想政治工作结合起来，要做好在先进青年中发展党员的工作，实现高年级学生“支部建在班上”的目标。大学生思想政治教育一直是我国高校教育的重点内容，它可以引导大学生树立正确的世界观、人生观和价值观。大学生思想政治教育的内容、方法、对象特点等会随着社会进步而不断变化，因此只有保证时代性才能保证教育的有效性。

三、大学生思想政治教育目标的时代性

（一）大学生思想政治教育目标的具体内涵

大学生思想政治教育在设立目标时，始终都要坚持以马克思主义为指导，以坚定中国特色社会主义共同理想为根本任务，以培育和践行社会主义核心价值观以及自觉弘扬中国精神为主要内容。因此，结合当前我国社会发展对大学生提出的实际要求，可以将大学生思想政治教育目标的具体内涵概括为“有理想信念、有核心价值、有中国精神、有能力素养”，也就是“新四有”。

1. 有理想信念

对于一个国家和民族来说，理想信念是重要的精神支柱，只有全体人民共同拥有坚定的理想信念，才可以使整个国家和民族具有生命力和凝聚力。对于新时代的大学生来说，必须具有自己的理想信念，因为只有拥有坚定信念的人才可以实现自己的理想，信念对于人民团结、凝聚奋斗力量来说具有不可或缺的基础作用。

（1）应该引导当代大学生树立对共产主义远大理想和中国特色社会主义共同理想的坚定信念，让他们可以用正确的眼光看待远大理想和共同理想之间的关系，从而使他们充分且深刻地理解共同理想的实现是一个循序渐进的过程。在这个过程中会出现阶段性、局部性的社会问题，以此可以使大学生坚定对共产主义的信念，同时加强他们对实现中国特色社会主义共同理想的信心，并自觉主动地为建设中国特色社会主义奉献自己的力量。

（2）应该引导大学生正确地看待个人的成长与成才，使他们拥有取得成就的理想信念。通常讲，一个人的理想和信念决定了他是否能获得成功、取得成就。大学生处于不成熟向成熟转化的阶段，他们的世界观、人生观、价值观逐渐在这个时期形成确立，也是国家为了社会发展培养优秀人才的关键时期。大学生能否成为拥有坚定信念、乐于报效祖国的高素质人才，不仅与他们的个人生命价值具有重要联系，还会直接影响社会的稳定以及国家未来发展的兴衰成败。

（3）应该引导大学生正确地看待个人理想与社会理想之间的关系，树立二者有机统一的坚定信念。大学生树立了这种信念，可以实现个人理想与社会理想的深刻统一，在此基础上，大学生既不会对实现社会理想的信念有所动摇，也不会失去追求个人理想的热情，从而可以实现大学生个人理想与社会理想的有效对接。

2. 有核心价值

我国当前正处于转型期，面临很多难以解决的困难，尤其是在当前意识形态多元化的背景下，价值观念冲突、价值选择迷失等现象时常发生。因此，必须确定得到广大人民群众认同接受的核心价值，只有这样才可以有效地维护社会的安全稳定、促进社会的良性发展，同时这也为个人的健康成长提供了必要环境。因此，为了体现大学生思想政治教育目标的时代性，必须将“有核心价值”纳入其具体内涵。

以“有核心价值”引领大学生思想政治教育，就要求大学生思想政治教育必须坚持遵循社会主义核心价值观的层次性规律，要从个人、社会和国家的层面看待和理解这个问题，使大学生可以正确地看待和处理自身与国家和社会之间的关系，使大学生自觉主动地践行社会主义核心价值观，使其内化为他们的思想理念，外化为他们的实践行为，进一步加强和巩固大学生投身国家建设与实现自我价值的思想基础。

3. 有中国精神

精神是一个人的灵魂，也是一个国家和民族的灵魂。没有精神力量作为有力支撑，人们便会失去前进的意义和动力，将会不知道该如何在世间生存。将“中国精神”纳入大学生思想政治教育目标的具体内涵，可以有效地深化教育目标的内涵结构，实际上，面向大学生开展思想政治教育活动的目的并不仅仅是向大学生提供科学的价值规范和价值尺度，更重要的是为他们提供强大的精神动力。“有中国精神”包含的内涵可以概括为三个方面：

（1）倡导理性爱国，坚决抵制极端民族主义情绪，通过正确的引导使大学生具备正面积极的爱国观念，主动弘扬爱国主义民族精神，使大学生可以正确地看待和处理自己和党、国家、社会与人民之间的关系。

（2）倡导大学生积极进取，反对消极守旧，对大学生进行正确引导，使他们具有创新精神、创新意识和创新能力，成为符合社会要求的创新型高素质人才。

（3）加强民族精神与时代精神的融合，实现二者的协调统一，为当代大学生打造和谐美好的精神家园。民族精神和时代精神并不是对立的，而是相互依存、和谐统一的，在一个民族和国家的发展过程中，必须保证民族精神切实反映时代精神，保证二者的相互依存、紧密结合，只有这样才可以发挥精神力量，推动一个民族、国家的不断进步。因此，在大学生思想政治教育中，必须保证将弘扬民族精神与弘扬时代精神统筹起来，通过正确的引导帮助学生在全球化背景中树立民族精神，捍卫民族尊严，进一步增强他们的民族自信心、自豪感，同时还应该引导他们建立世界视野，使他们拥有开阔胸怀，积极汲取人类一切优秀文明成果，只有这样才可以提升他们的创新素质。

4. 有能力素养

大学生思想政治教育目标必须符合一定政党的执政理论和一个国家的政治制度，保证其是符合当前社会现实的，也就是需要符合现行的社会秩序所要求的基础伦理道德规范，同时还必须关注大学生群体的生存和发展，要使目标符合大学生生存和发展提出的各种要求。此外，现代社会与之前基本上依靠物质和资本生产要素投入来实现经济发展的模式有所区别，现代社会强调知识的重要作用，在社会发展中必须充分发挥知识的重要性，而人的能力素养是知识构成和知识创造的重要基础，可以看出，在现代社会能力素养的高低与经济社会的发展之间具有紧密联系。因此，大学生思想政治教育目标的重要内涵中必须包括“有能力素养”这项内容。

具体来说，“有能力素养”要求有道德素养和文化素养。其中，道德素养是文化素养的尺度规范，文化素养是道德素养的知识技能支撑，必须将二者放在同样重要的位置上看待。对于我国大学生思想政治教育来说，“有道德素养”有两方面含义：一方面，当代大学生应该理解和继承中华民族传统美德，与此同时应该积极学习现代道德观念，要在实践过程中同时发挥两种精神力量的作用；另一方面，当代大学生应该实现道德观念的外化，将理论付诸实践，转化为自身的道德行为，从而实现传统优秀文化与现代道德素养、道德知识与道德实践的有机统一。“有文化素养”是指当代大学生应该了解和掌握社会主义先进文化、中国传统文化以及其他一切优秀文明成果的知识，同时还应该具备一定分析能力，可以对不同的文化和意识形态进行有效辨别，有保持社会主义先进文化主导性的能力，可以同时提升自己的知识含量和能力素质。

实际上，“有理想信念”是一种根本性、方向性的目标内涵；“有核心价值”则是起到枢纽作用的规范性内涵；“有中国精神”是大学生思想政治教育的动力，它主要起到支撑性作用；“有能力素养”则是教育的保障，体现的是主体性内涵。只有保证这四方面内容相互联系、相辅相成，才可以保证大学生思想政治教育目标具有时代性。

（二）“新四有”目标的维度分析

大学生思想政治教育的“新四有”目标是一个复杂的、可延展的结构体系：一方面，从不同角度进行审视，可以看出目标的不同层次；另一方面，根据不同的时空和现实需要，可以在一定程度上延展和丰富教育目标。

“新四有”目标具体体现了“知识与技能”“过程与方法”“情感、态度与价值观”三维目标的充分整合。20 世纪初，美国率先开始对教育目标的分类进行研究，50 年代，教育学家、心理学家布卢姆通过对教育目标进行研究，提出了将教育目标划分为“认知”“情感”和“动作技能”三个领域的观点。对于我国教育领域来说，布卢姆的目标分类理论具有十分重要的意义，对我国的教学评估以及过程管理都产生了重要影响。2001 年，教育部颁布《基础教育课程改革纲要(试行)》，其中明确提出了“知识与技能”“过程与方法”“情感、态度与价值观”的目标分类框架，根据这一框架我国规范了各门学科的目标分类。虽然三维目标理论是在基础教育领域中提出的，但是该理论不仅适用于基础教育，各学科领域都适用该理论。我国大学生思想政治教育的“新四有”目标也充分体现了这三个维度。

1. 知识与技能维度

这一维度的重点在于使大学生掌握知识和技能，是大学生思想政治教育目标的基础层。从知识层面来说，通过大学生思想政治教育可以使大学生认识和理解包括马克思列宁主义、毛泽东思想、邓小平理论、“三个代表”重要思想、科学发展观、习近平新时代中国特色社会主义思想在内的社会主义先进思想和理论知识成果，同时还可以掌握这些理论知识体系之间存在的各种逻辑关系，这样可以使大学生具备解释、推断、区分和扩展对所学知识的能力；从技能层面来说，通过引导大学生进行有效的练习形成价值选择、政治参与等相关活动所必需的认知方式或行为方式。

2. 过程与方法维度

过程是指帮助大学生切实体验知识和技能形成的过程，也就是说应该重视学生的主体参与性；方法是指帮助大学生学习知识和技能的方式和策略，也就是说使大学生具备学习能力。社会主义核心价值体系所蕴含的方法论意义是大学生思想政治教育过程与方法维度目标建构的重要参考，即一元性和多样性的关系、继承与创新的关系等。通过该价值体系，大学生可以更好地运用科学的世界观和方法论解释和处理学习生活中遇到的各种实际问题。

3. 情感、态度与价值观维度

通过大学生思想政治教育，可以切实有效地使大学生形成坚定的政治立场、树立正确的价值取向、培养积极的人生态度、具备高尚的道德情操。情感是一种心理过程，是人们对于客观世界中对客观对象和现象的刺激而产生的一种心理反应。从情感维度来说，大学生思想政治教育的目标体现在使大学生形成对国家、社会、集体和他人积极的认同和联结上。态度是主体针对客体表现出的一种心理倾向，它具有持久稳定的特征。从态度的维度来看，大学生思想政治教育目标不只包括大学生对社会生活与社会发展的基本认识和主观态度，同时还包括他们针对个体生活、学习等方面的主观态度。价值观是指主体针对某一事物的作用与意义的看法的总和，具体来说它包括基本信念和价值取向，人们关于某一客体的价值追求、价值判断、价值选择等都在价值观的范畴内。价值观在当代大学生身上的表现主要是他们对人生的理想、信念和追求，对人类历史发展的认识，对民族文化、民族精神的认同、继承和发扬等。情感、态度、价值观之间具有密不可分的联系，情感体验是基础，在此基础之上不断地强化、稳定情感才可以形成态度，之后再进行提炼与升华才形成价值观。

“新四有”目标涵盖的范围十分广泛，包括国家层面、社会层面和个人层面。这三个层面之间相互关联，从而形成一个有机体。个人是构成社会和国家的基础元素，国家是由立法和行政机构组成的国家机器，社会则是存在于国家和个人之间的公共领域。然而这三者代表着不同主体的利益，因此经常因为各自的利益产生矛盾和冲突，表现为国家本位论、社会本位论或个人本位论之间的争论。对于现代社会来说，三者之间应该形成一种互动统一的关系。“新四有”目标的核心内容就是社会主义核心价值观，这也强调了对国家、社会与个人有机统一的重视，从而形成了一个由浅入深、由微观到宏观的放射性的目标层次结构，具有深刻的现实意义。

四、大学生思想政治教育的新局面

深入学习和贯彻习近平总书记在全国高校思想政治工作会议上的重要讲话精神，当前的大学生思想政治教育关键要把握“六个意识”，即战略意识、特色意识、服务意识、创新意识、规律意识、系统意识。

（一）战略意识

战略意识，就是要有将大学生思想政治教育工作放置到战略高度来认识的意识。大学生思想政治教育不仅关系到人才培养和中华民族伟大复兴中国梦的实现，更关系到坚持和发展中国特色社会主义这篇大文章的续写，无论是民族复兴，还是坚持和发展中国特色社会主义，没有能离开人才而成功的，但由什么样的人扛起中国特色社会主义的大旗，关系到这面旗帜能不能“立”、能不能“飘”的问题。因此，习近平总书记明确指出，我国高等教育肩负着培养德、智、体、美、劳全面发展的社会主义事业建设者和接班人的重大任务。面对当前对大学生思想政治教育工作重要性认识不清的问题，只有站在战略高度才能深刻认识这一工作的极端重要性，而只有认识其极端重要性，才能切实深入地推进这项工作。

（二）特色意识

特色意识，就是要有把大学生思想政治教育工作放置于我国独特的历史、文化和国情上来理解的意识。一方面，要把我国高等教育、人才培养及思想政治工作放置于历史的宏大视野中去认识，才能更清醒地认识其特殊性。官方主导办学，在我国有着深厚的历史传统。自汉以后，传统儒学从百家争鸣的局面中上升为古代中国国家意识形态的主体，可以说就是历代政权主导的结果；另一方面，从现实维度来看，我国具有独特的国情——中国共产党的领导。中国共产党的执政地位和领导地位是历史和人民的选择。我国的高校是党领导下的高校，是中国特色社会主义高校。办好高校，必须坚持正确的政治方向，必须坚持以马克思主义为指导。只有深刻把握我国独特的历史、文化和国情，牢固树立特色意识，才能树立正确的历史观，才能深刻理解大学生思想政治教育工作的必然性，才能破除思想障碍、化解心理疙瘩、提振工作信心，做好大学生思想政治教育工作。

（三）服务意识

服务意识，就是要树立我国高等教育是为了服务人民、服务现实的意识。习近平总书记强调，我国高等教育要做好“四个服务”，即为人民服务、为中国共产党治国理政服务、为巩固和发展中国特色社会主义制度服务、为改革开放和社会主义现代化建设服务。“四个服务”集中体现了个人价值与社会价值的有机统一。马克思曾说，人的本质是一切社会关系的总和。个人成长成才离不开社会，社会进步也需要每个人的努力。正因如此，我国文化传统中始终更强调集体和社会的作用。纵观我国历史，那些有志之士，无不有经世致用、以天下为己任的情怀。虽然他们也非常看重个人名誉，但都将其建立在建功立业之上，从而实现了个人价值与社会价值的有机统一。这是无法隔断的文化传统，也是不该丢弃的文化精神。大学生正处于世界观、人生观和价值观的确立阶段，对大学生思想政治教育工作而言，就是要牢记“四个服务”，将服务意识融入大学生“三观”的形成过程，引导他们正确树立“三观”。

（四）创新意识

创新意识，就是要有立足主客观环境变化，不断改革思想政治工作的意识。习近平总书记指出：“做好高校思想政治工作，要因事而化、因时而进、因势而新。”要紧紧围绕高校思想政治工作中存在的突出问题，以创新为“支点”，撬动传统思想政治工作模式。中国共产党历来重视高校的思想政治工作，但随着时代变化，主客观环境都已发生变化，这种情况下，高校传统的思想政治工作手段、方法、内容等已无法适应新形势的需要。因此，需要广大思想政治教育工作者培养创新意识，打破思维定式，跳出思维惯性，结合实际情况，创新工作方法、改革教育内容、完善激励机制。唯有创新，才能使高校思想政治工作跟上时代步伐，重新焕发活力。

（五）规律意识

规律意识，就是要有尊重客观规律、按规律办事的意识。思想政治工作从根本上说是做人的工作，而人在有思想、观念、情感、个性的同时又具有社会性，这就使其有了特定的复杂性。然而，由中国共产党非常成功的思想政治工作实践得知，只要善于发现和运用规律，再难之事也是可以做好的。大学生思维活跃、视野开阔、个性鲜明，对新鲜事物具有很强的好奇心，尤其当前，信息来源和传播渠道多元化，信息真假难辨，这些信息容易对大学生的“三观”产生重要影响。因此，大学生思想政治教育工作要遵循思想政治工作规律，遵循教书育人规律，遵循学生成长规律。唯有把握规律，积极引导，才能培育大学生理性平和的健康心态，才能让大学生成为德才兼备、全面发展的人才。

（六）系统意识

系统意识，就是要有将大学生思想政治教育工作看作一项系统工程的意识。系统具有鲜明的整体性、关联性、层次结构性、动态平衡性，抓好大学生思想政治教育工作必须具备系统意识。首先，要把大学生思想政治教育工作与人才培养、中华民族伟大复兴、中国特色社会主义事业的坚持与发展结合起来认识。其次，要把大学生思想政治教育工作与我国独特的历史、文化国情相结合，从这个系统看待我国大学生思想政治教育工作，就能认识到其深厚的历史依据、文化依据和现实依据。再次，要把专业教学、党团活动日常管理、思想理论政治课程教学等工作纳入同一个体系来认识，做到相互配合、共同促进，形成合力，新时代思想政治工作才会更有成效。

五、大学生思想政治教育的拓展方向

近年来的社会发展给大学生思想政治教育工作提出了许多新的要求。在教育要面向现代化、守正出新、面向未来的基本要求下，基于社会科学和自然科学的快速发展，大学生思想政治教育必须不断进行拓展，跟上时代发展的节奏。从当前社会发展的需要来看，大学生思想政治教育的拓展方向主要有以下三方面：

（一）向宏观领域的拓展

在国内层面，大学生思想政治教育工作紧紧围绕“三步走”国家建设战略的发展需要，以社会主义建设、全面建成小康社会作为基本需要，突出社会问题在大学生思想政治教育内容中的地位，引发学生关于社会建设的思考。也就是说，大学生思想政治教育深深植根于社会活动中，不断依据当前社会活动的内容，开辟新的领域，将一些重要的社会环境问题、生态文明建设问题融入现代大学生思想政治教育中。这些内容的融入必将推动大学生思想政治教育工作的进步，实现大学生思想政治教育的新发展。

在国际层面，我国现在已发展成为一个世界性的大国，改革开放程度不断加深。作为大学生思想政治教育工作者，应该积极培养面向世界的人才，使其具有作为一名世界公民应具备的思想、道德和心理素质。面对世界上各种文化与价值观的冲击，大学生思想政治教育应不断提高教育对象的分析和鉴别能力，使其具有正确价值观、人生观、世界观的思想基础。面对竞争，要有包容的、自信的心理素质，自强不息，勇于拼搏。对于大学生来说，这些素质比过去要求得更高、更全面。

（二）向微观领域的拓展

微观领域是指大学生思想政治教育工作要进入大学生的内心世界。微观世界同宏观世界是一个联系的整体。宏观世界的种种变化最终都会在微观世界之中有所响应。大学生思想政治教育在向宏观拓展、向未来拓展的同时，还要注意到同人们内心世界的联系、同微观世界的联系。内心世界非常复杂，如同一个黑箱，让人们无法窥探。内心世界也极具规律，通过深入研究，人们能够把握其中的发展规律，引起内心世界的共鸣。每一个人的内心世界都承受着外界环境的巨大压力，随着外界信息的不断增加，人们的内心世界会做出不同程度的变化，有的可能积极向上，有的则可能悲观失望，甚至有心理疾病产生。针对这一问题，大学生思想政治教育就必须有所预防，把握内心世界的发展规律，有针对性地做出调整，不落下任何一个大学生，使他们提高自己的心理素质，能够正视外界的变化。

研究人们的内心世界变化规律，其中一个重要的任务就是开发人力资源，不断挖掘大学生的潜能，使其能够对外在世界的发展变化做出应对，为中国特色社会主义建设服务。挖掘大学生的潜能，就要认真探索大学生思想政治教育心理学的规律，将外在的思想内化为大学生的心理认识。

（三）向未来领域的拓展

现代信息技术的发展、物质生活水平的提高、社会竞争压力的增加，使得大学生思想政治教育面临的社会环境变得越来越复杂。

一方面，社会节奏不断加快，一些社会成员无法适应，他们将会给社会的发展带来一些不安定因素，从而造成社会思想的动荡，影响到大学生；另一方面，在竞争压力之下，不良生活习惯给大学生的消费观带来一些负面的影响。在这种环境下，必须对大学生思想政治教育工作给予重视，面向大学生的未来发展，针对他们发展中出现的各种问题，及时给予纠正。

另外，大学生思想政治教育要积极利用新的科学技术，针对科学技术所可能做出的变化，提前做好准备。在当前来看，大数据即是其中一个重要的技术。面对大数据，大学生思想政治教育工作要提升教育队伍的素质，具备一定的数据意识和科技意识，利用数据信息引导大学生。大学生思想政治教育工作还要将大数据作为一项重要的教学内容融入大学生思想政治教育工作之中，要求大学生同样具备一定的数据意识，以适应未来社会的发展。

针对科技发展带来的变化，大学生思想政治教育还要加强阵地建设，利用现代科技有针对性地预防腐朽思想的侵蚀。一些腐朽势力同样会利用科技进行信息传播。针对这一实际情况，大学生思想政治教育要做出有针对性的回击，利用科技手段和大学生思想政治教育的优势向广大青年宣传党的理论、方针、政策，使其具备社会发展所需要的各种素质。

大学生思想政治教育工作面向未来，还要正确地预测未来，针对未来的发展趋势，做出有针对性的调整，以实现大学生思想政治教育的基本目标和任务。

第二节　大学生思想政治教育的目的与任务

一、大学生思想政治教育的目的分析

（一）确定思想政治教育目的的依据

思想政治教育的目的不是人们主观随意确定的，而是社会存在和发展的反映。思想政治教育目的受到许多因素的影响，一个目的的形成往往是多种因素综合作用的结果。然而，各个因素对思想政治教育目的形成的作用是不平衡的，这就要求必须抓住主要因素，恰当地确定思想政治教育目的。

1. 社会生产和科学技术发展的客观要求

思想政治教育作为一种社会实践活动，要为社会的发展和进步服务，其目的就必须反映社会发展的客观要求，必然受到一定社会历史条件的制约，也就是要受到生产力与科技发展以及社会经济、政治制度的制约。

社会生产和科学技术发展是确定思想政治教育目的的基础。马克思主义认为，社会发展最终是由生产力推动的。生产力的发展不仅为教育对象的体力、智力以及思想道德素质的发展创造了条件，而且也对教育对象各方面的发展提出了更高要求。从这个意义上讲，思想政治教育目的最终为生产力发展水平所制约；随着生产力水平的提高和科学技术的迅猛发展，这种制约作用越来越大，相应地，思想政治教育目的的水平也将越来越高。人类历史发展进程表明，生产力和科学技术的发展水平不同，社会对受教育者思想品德的要求就不同。今天，知识经济和信息化已成为社会的重要特征，社会生产、管理越来越科学化、知识化、信息化和智能化，文化趋向多元化，这不仅对社会成员的文化与科技素质提出了新的要求，而且对其思想道德素质也提出了更高的要求，思想政治教育因此必须加大对教育对象道德价值评判与选择能力的培养，这应成为新时代思想政治教育目的的重要内容。

一定社会的生产关系以及由此而产生的社会经济、政治制度对思想政治教育目的的规定起着直接的决定性影响。在阶级社会里，不同阶级由于其经济利益和政治利益的不同而有不同的教育目的，其中统治阶级的教育目的反映了统治阶级的经济和政治利益，在社会上占有统治地位。思想政治教育作为一种重要的教育实践活动，是一定的阶级或政治集团，为实现一定的政治目标，有目的地对社会成员施加意识形态影响，使其形成本阶级所需要的思想品德的社会实践活动。因此，思想政治教育目的为一定社会的经济、政治制度所决定，在阶级社会中具有鲜明的阶级性。

由于中国共产党的奋斗目标反映了我国社会发展的客观要求，因而依据社会发展的水平和要求确定思想政治教育目的，在我国就具体表现为要依据党的奋斗目标来确定，思想政治教育目的应同党的奋斗目标保持一致。党的最终目标是要实现共产主义的社会制度，这一目标决定思想政治教育的根本目的就是要用共产主义思想教育、动员和激励受教育者为实现共产主义努力奋斗；在奋斗的过程中，不断提高自己的思想道德素质，使自身得到全面发展，成为社会主义新人。当然，实现共产主义的社会制度，要经过长期艰苦的奋斗历程和许多阶段，党在每个阶段的奋斗目标既有联系又有区别。思想政治教育要以共产主义思想为指导，根据不同阶段党的奋斗目标来确定不同时期思想政治教育的目的。同时，党在一定阶段的奋斗目标要分解到各领域各部门，党在各领域各部门的具体目标也各有不同。各领域思想政治教育的目的就必须与党在该领域的奋斗目标保持一致，以便使各领域的思想政治教育目的落到实处。当前，思想政治教育要围绕实现社会主义现代化的奋斗目标来确定思想政治教育目的。思想政治教育领导部门和教育者一定要准确把握党的基本路线，明确党在新时代的奋斗目标及实现这一目标的战略部署，以组织和动员全体人民共同为实现社会主义现代化而奋斗。

2. 受教育者精神世界发展的现实需要及思想实际

作为塑造人的社会实践活动，思想政治教育不是一种单向度地向受教育者施加影响的活动，而是教育者与受教育者双向互动的过程。作为对教育对象思想品德的要求，思想政治教育目的必须充分考虑到受教育者精神世界发展的现实需要及其思想品德实际。

思想政治教育要达到提升人的精神品质和促进人的全面发展的目的，必须尊重和了解受教育者的需要，否则就会使受教育者失去接受教育和自我教育的动因。因为需要是人生命活动的内在根据和社会发展的原动力，思想政治教育只有遵循人的需要发展的规律，才能获得根本的动力支持。在社会主义社会中，受教育者在成长的过程中，会有多种多样的精神需要，如学习的需要、较高的道德修养的需要、政治进步的需要、和谐的人际关系的需要、尊重与荣誉的需要、自我成就的需要、才能发挥的需要等。只有满足受教育者的这些需要，思想政治教育才会产生好的效果。因此，确定思想政治教育目的，必须考虑教育对象多角度多层次的精神需要。唯有如此，才能真正引导教育对象的内在精神需求得到积极的正向的发展，思想政治教育目的也才能为教育对象所真正接受，内化为他们的个人目标，成为其行动指南。前述我国思想政治教育的根本目的已内在地包含着满足教育对象精神世界发展需要的内容，具体目的的确定也必须考虑这一因素，这是确定思想政治教育目的的内在要求。

在确定思想政治教育目的时，还必须考虑教育对象思想品德的实际状况。在现实的思想政治教育活动中，教育对象是分为不同类型不同层次的，不同类型不同层次教育对象的思想状况又是有差别的。这就要求在确定思想政治教育目的特别是具体目的时，要充分考虑教育目的与教育对象思想状况之间的紧密联系，考虑教育对象的接受可能性，以恰当地确定思想政治教育目的。如果忽视受教育者的思想实际，就有可能把具体目的定得过低或过高，从而影响思想政治教育的成效。教育对象的层次性，决定了思想政治教育目的的层次性。在统领全局的思想政治教育根本目的的指导下，思想政治教育的具体目的应该也必须是多层次的。思想政治教育者必须根据具体教育对象思想品德的实际来确定各行业、各部门、各单位思想政治教育的具体目的。

上述两方面依据相互联系、相互制约，从不同侧面对思想政治教育目的提出了要求。在确定思想政治教育目的时，不能将其分割开来，而应将其视为一个整体，力求使教育目的同时满足上述两个方面的要求。

（二）思想政治教育目的的主要特征

1. 方向性与客观性的统一

思想政治教育目的的方向性特征是由目的的方向性所决定的。在确定思想政治教育目的时必须保证其方向的正确性。因为思想政治教育目的方向的正确与否直接关系到思想政治教育活动的性质和实际效果。具体来说，我国思想政治教育的目的必须充分体现社会主义的性质和发展方向，必须为社会主义现代化建设事业服务，为实现党和国家发展战略服务，为人的全面发展服务。同时，思想政治教育的目的又必须以社会生活条件和教育对象的思想实际为前提和基础，这是思想政治教育目的客观性的突出表现。在确定思想政治教育目的时，必须将方向性和客观性有机统一起来。

2. 一元性与多元性的统一

思想政治教育的根本目的是一元的，即提高全体社会成员的思想道德素质，促进人的全面发展，这是由我国社会主义制度和思想政治教育的性质所决定的。

具体目的则是多元的，具体目的的多元性，首先是由思想政治教育对象的层次性所决定的。在现实生活中，教育对象的情况千差万别，因而对不同教育对象如工人、农民、公务员、教师、学生等进行思想政治教育，具体目的理所当然应该有所不同。即使是对同一类型教育对象进行思想政治教育，由于其个体具体情况不同，具体目的也应有差异。只有根据不同教育对象的实际情况确定思想政治教育的具体目的，才能使具体目的更贴近教育对象的思想实际，而不致空泛、不着边际。

其次是由党在不同领域不同部门的具体目标所决定的。党在现阶段的奋斗目标是实现现代化，建设社会主义和谐社会。这个奋斗目标要分解为各个领域各个部门的具体目标，各领域各部门的思想政治教育都要为实现这些具体目标而努力。这样，不同领域不同部门乃至不同单位，其思想政治教育的具体目的就必然呈现出一定的差异性。

总之，由于教育对象的思想特点随着社会的变迁而变化，由于党在各个历史时期的具体奋斗目标不同，思想政治教育在不同历史时期就会有不同的具体目的。换言之，思想政治教育的具体目的随着社会历史条件的变化而变化，具有历史性。在社会生活发生变化以后，应该适时地提出新的具体目的，引导受教育者与时俱进，不断提高其思想道德素质。

3. 超越性与可行性的统一

思想政治教育目的的超越性主要表现为两个方面：一是思想政治教育对社会生活应保

持一定的超越性，思想政治教育目的要求应高于教育对象的现实的思想品德水平。进行思想政治教育是要解决社会要求的思想品德规范与受教育者现有思想品德水平之间的矛盾，如果思想政治教育目的缺乏超越性，那就无法完成这一任务，思想政治教育也将失去存在的意义。二是思想政治教育目的产生于思想政治教育活动之前，具有时间上的超前特性。

思想政治教育目的不仅应具有超越和超前的特点，还应具有可行性特征。也就是说，在确定思想政治教育目的时，应充分考虑社会发展及教育对象思想品德发展的实际。思想政治教育目的是对思想政治教育对象影响的预期，要实现这一预期，必须考虑到思想政治教育的客观条件，考虑到教育对象的接受状态。如果思想政治教育目的及其指导下的教育活动不能进入教育对象接受的阈限，思想政治教育目的就会被教育对象束之高阁，难以发挥作用。

超越性与可行性是思想政治教育目的的既有区别又紧密联系的两种特性。超越性建立在可行性的基础上，可行性则受到超越性的制约，两者是有机统一的。

（三）思想政治教育目的的类别划分

思想政治教育目的，是指通过思想政治教育活动，在受教育者的思想和行为方面所期望达到的结果。换言之，思想政治教育目的是教育者依据社会发展的要求、受教育者精神世界发展的需求等对受教育者思想品德方面的一种期望和规定。思想政治教育目的是开展各项思想政治教育活动的依据和动力，体现出思想政治教育的价值取向。

思想政治教育目的不是单一的，而是集合的，是一个目的体系，可以根据一定标准从不同角度进行分解，将其分为不同的类别和层次。

1. 按照地位划分

按照目的在思想政治教育目的体系中的地位可以分为根本目的与具体目的。

我国的思想政治教育以共产主义为方向，直接作用于人的思想品德，是培养人的思想道德素质的活动。思想政治教育的这一性质规定了我国思想政治教育的根本目的是提高人们的思想道德素质，促进人的自由全面发展，激励教育对象为建设中国特色社会主义、最终实现共产主义而奋斗。这一根本目的包含相互联系的两个方面：

一是提高教育对象的思想道德素质。思想政治教育是满足人们精神世界发展需要的一种方式，是提升人的精神品质的社会实践活动，提高人的思想道德素质是这一活动的内在目的。进行思想政治教育就是要使受教育者具备良好的思想道德素质，如崇高的理想、优良的品德、强烈的事业心和责任感、坚强的毅力、严格的纪律等。而较高的思想道德素质不仅是人们其他方面发展的保证，而且是人们发挥参与现代化建设积极性的内在基础。可见，提高受教育者的思想道德素质，可以更好地激励其为建设中国特色社会主义、实现共产主义努力奋斗。

二是促进人的自由全面发展。人的自由全面发展既是共产主义的理想目标，也是社会主义的本质要求。社会主义的本质是解放生产力、发展生产力，最终落脚点是人的自由全面发展，而这正是思想政治教育的终极目的。思想政治教育是通过人这个中介作用于社会生活的。只有促进人的自由全面发展，才能使受教育者更积极、更主动地投身于中国特色社会主义建设事业中，也才能为共产主义的实现准备更充分的条件。

思想政治教育的根本目的是思想政治教育的最高目的、终极目的，比较原则，不具体，只是指明了思想政治教育活动的方向。但这并不是说根本目的是虚设的、不起作用的。根本目的是思想政治教育的灵魂，是长久起作用的目标，是团结和动员思想政治教育者及受教育者共同奋斗的旗帜。没有这面旗帜，思想政治教育就会改变性质。因而这一根本目的对于思想政治教育具有极其重要的意义，它规定了思想政治教育的共产主义方向，思想政治教育的一切活动都要符合这个根本目的。

思想政治教育的根本目的可以看作长远目标，它要经过人们长期的努力奋斗才能达到。在思想政治教育过程中，这一长远目标一般须经过多层次分解，成为一个个具体目的，指导思想政治教育的具体活动。通过一个个具体目的的实现，才能一步步向长远目标迈进。可见，具体目的是根本目的的具体化，其作用在于把思想政治教育任务落实到思想政治教育机构或教育者个人身上，故又可称之为操作目标。思想政治教育活动的大部分内容都是由相关机构或教育者完成操作目标，因而具体目的对于思想政治教育来讲也是很重要的。

2. 按照作用对象划分

按作用对象，思想政治教育目的可以分为个体目的与社会目的。

思想政治教育的个体目的，是指通过思想政治教育活动，在教育对象个体思想和行为方面所期望达到的结果。包括心理素质目的、思想素质目的、道德素质目的和政治素质目的等。心理素质目的是基础，思想素质目的是前提，道德素质目的是重点，政治素质目的是核心。思想政治教育的社会目的，是指通过思想政治教育活动，在全体社会成员的思想和行为方面所要达到的预期效果。社会目的比个体目的层次更高，包含了政治目的、经济目的和文化目的。政治目的是实现经济目的的根本保证，决定着文化目的的性质和内容；经济目的是政治目的和文化目的的基础；文化目的受政治目的和经济目的的制约，但又是政治目的和经济目的实现的必要条件。思想政治教育社会目的对思想政治教育个体目的起主导和支配作用，决定个体目的的形成、发展和实现；而个体目的又是思想政治教育社会目的实现的基础。

3. 按照时限划分

按照时限，思想政治教育目的可以分为远期、中期、近期目的。

远期目的又可称作长远目的，是指经过相当长时期的持续努力方能实现的思想政治教育目标，从某种意义上可看作在一个长时期内要完成的基本任务。它反映的是社会发展的客观趋势和受教育者精神世界发展的长远需要，对思想政治教育活动具有长远的指导意义。远期目的的作用在于能够给思想政治教育活动指明具体的前进方向和奋斗目标；没有远期目的，思想政治教育的根本目的就会变得渺茫，思想政治教育活动就会失去方向。

思想政治教育的中期目的是指需要经过较长时间的努力才能实现的思想政治教育目标。它实际上是将远期目的提出的基本任务做进一步划分，使之具体化，便于实施。没有中期目的，远期目的将难以有效实现。

思想政治教育的大部分活动都是要达到近期目的的，因而这一目的对思想政治教育很重要，对思想政治教育活动具有直接的指导作用。思想政治教育的远期目的、中期目的和近期目的相互影响、相互制约，远期目的指导和制约着中期目的和近期目的，中期目的是联系远期目的和近期目的的桥梁和纽带，起着承前启后的作用，近期目的是中期目的和远期目的实现的基础。

4. 按抽象程度划分

按抽象程度，思想政治教育目的可以分为观念性目的和指标性目的。

思想政治教育的观念性目的以抽象概念的形式表现出来，集中反映了思想政治教育目的的社会价值、发展价值和整体需要，具有明确的指向性和激励性。思想政治教育的指标性目的是由一系列以指标形式表现出来的具体目的组成的，是思想政治教育的观念性目的的具体化，人们可借助这套指标对思想政治教育活动进行具体检测或比较。在思想政治教育目的体系中，这两类目的都是不可缺少的。没有思想政治教育的观念性目的，思想政治教育的指标性目的就会失去依靠，就不能对政治教育活动进行有效的评估。

二、高校思想政治教育的根本任务

思想政治教育目的的达成、功能的发挥，都有赖于思想政治教育任务的顺利完成。从总体上看，思想政治教育任务可以分为三个层次：根本任务、一定时期的主要任务、具体任务。这三个层次的任务相互联系，相互影响：根本任务贯穿在不同时期、不同领域的思想政治教育中，起着统领作用，规定着主要任务和具体任务的方向；具体任务和主要任务的完成，又推动着根本任务的完成。可见，根本任务是思想政治教育任务中的主要方面，因而本书着重讨论思想政治教育根本任务的有关问题。

思想政治教育的根本任务是思想政治教育在社会主义现代化建设中所承担的最重要的

责任，是为达到思想政治教育的根本目的所需要完成的基本工作。这一根本任务是思想政治教育活动的中心，全部思想政治教育都必须围绕这一根本任务开展活动。

（一）指引受教育者树立崇高的理想信念

理想是与奋斗目标相连，有实现可能的向往、追求和信念，是一个人思想道德素质中最重要的素质。树立崇高的理想对人生极为重要：崇高的理想有助于受教育者择定自己在社会生活中扮演的符合时代要求的角色，从而获得有价值的人生；将使受教育者明确前进的方向，鼓舞其勇往直前。发展社会主义市场经济，进行社会主义现代化建设，需要一代有中国特色的社会主义新人坚忍不拔地为之努力奋斗。没有一代有理想的新人，社会主义现代化就难以实现。正因为理想对个人成长、对事业成败有如此重大的意义，因此，培养一代新人具有远大的理想以及为理想而献身的精神，就成为新时代思想政治教育的基本任务。

理想教育一直是我国思想政治教育的重要内容。可是，在市场经济建设过程中，理想及理想教育却受到不同程度的忽视。在某些人看来，搞市场经济，物质利益才是重要的、实在的，而理想则是虚幻的、不必要的。在思想政治教育中，也存在忽视理想教育的倾向，某些教育者认为思想政治教育只是为经济建设服务，只需引导人们做好具体工作就行了。这些看法显然都是模糊的、不正确的。社会总是处于“它现在是什么”与“人们希望它是什么”的张力之中。只讲理想，完全不顾社会生活实际，理想有可能变为“乌托邦”，这固然无助于社会生活的进步；但走向另一个极端，完全忽视崇高理想的巨大感召作用，则社会生活也难以得到改进和发展。因为任何一个社会永远都是在理想和现实之间的合理互动中前进的。相对于我国今天的社会现实，建立社会主义市场经济体制，实现社会主义现代化，本身就是一种理想。只有使广大人民群众怀有建设中国特色社会主义的共同理想，积极主动地参与现代化建设，才能实现这一伟大理想。因此，在实现社会主义现代化进程中，对教育对象的理想教育不是可有可无，而是必不可少的。思想政治教育者对此必须有明确认识，在任何时候都要坚持共产主义理想教育，帮助受教育者树立远大的理想。

（二）培育受教育者良好的道德品质

帮助受教育者形成良好的道德品质，无论是对受教育者的健康成长还是对社会的稳定发展都有重要意义，因而它理应成为思想政治教育的重要任务。对教育对象进行道德教育，要循序渐进，注意层次性。

首先，要引导受教育者用社会主义道德准则要求自己，做到爱祖国、爱人民、爱劳动、爱科学、爱社会主义，促使人与人之间形成平等、团结、友爱、互助的社会主义新型关系。“五爱”是社会主义道德的基本要求，它通过社会生活的各个方面体现出来，具体表现为职业道德、社会公德、家庭婚姻道德等。引导受教育者用社会主义道德准则要求自己，理所当然地应该引导他们履行职业道德、社会公德、家庭婚姻道德，使受教育者用这些具体的道德规范约束自己的行为，并把遵守这些具体的道德规范作为起点，逐步向更高的道德境界迈进。

其次，即使是在社会主义初级阶段，思想政治教育也要认真宣传和大力倡导共产主义道德，引导受教育者坚持集体主义的价值导向，把国家和人民的利益放在高于一切的地位，树立全心全意为人民服务的思想；一切共产党员和先进分子应该自觉地履行共产主义道德。总之，在塑造受教育者的道德面貌时，教育者要注意把握道德的层次性，有针对性地开展道德教育，以便取得更好的效果。在进行道德教育时，思想政治教育应适应道德生活的变化，注意时代的要求，积极引导受教育者树立与社会主义现代化相适应的新的道德观，以便使受教育者以新的道德面貌投身于社会主义现代化建设。

再次，帮助受教育者具备较高的文化知识素养。培养社会成员具有较高的科学文化知识，主要是各级各类学校的教育任务，但思想政治教育在提高受教育者的文化知识素养方面，也负有重要的责任，起着不可或缺的作用。其中一个重要方面，就是促使受教育者养成重视教育的态度，加强学习，不断提高自己的文化知识水平。思想政治教育应从社会发展的高度，引导受教育者认识到，个人较高的知识文化水平是提高我国的国际竞争力、实现社会主义现代化所必需的。思想政治教育还应当从个人全面发展的高度，引导受教育者认识到，个人较高的文化知识素养既是个人全面发展的表现，也是个人全面发展所必需。现代社会变化迅速，如果不努力学习新知识，个人就难以适应社会发展的需求，发展就会受到限制。只有坚持不懈地追求新知，不断更新自己的知识结构，努力提高自己的知识素养，才能跟上时代的步伐，在改造自然和社会的过程中使自己获得全面发展。

总之，无论是社会的进步繁荣还是个人的全面发展，都要求公民具备较高的科学文化知识素养。而在现代社会，个人较高的知识素养，主要是教育的结果。因而，重视教育不仅应是国家意识，更应是个人态度，促使受教育者养成这种态度，从而去孜孜不倦地追求知识。这是建设学习型社会和创新型国家对思想政治教育提出的新要求，新时代思想政治教育应努力满足这一时代要求。

第三节 大学生思想政治教育的功能

思想政治教育功能是指思想政治教育对受教育者和社会生活所能发挥的积极的有利的作用。关于思想政治教育的功能，可从不同角度进行分析。总的来说，思想政治教育功能可分为个体性功能和社会性功能两方面。所谓个体性功能，是指思想政治教育对教育对象个体所能产生的客观影响，表现为个体生存功能、个体发展功能和个体享用功能。个体性功能是思想政治教育目的的直接表现，可看作是思想政治教育的本体功能。社会性功能是指思想政治教育对社会发展所能发挥的客观作用，具体地说，就是指思想政治教育对社会政治、经济、文化等发生的作用，表现为政治功能、经济功能和文化功能等。

一、个体性功能

（一）个体生存功能

思想政治教育的个体生存功能是指思想政治教育在引导人类个体遵循客观规律、服从生存法则以便求得更好的生存状态的过程中所发挥的作用，主要体现在以下两方面：

一方面，思想政治教育有助于人的物质生活的顺利进行。思想政治教育的核心任务是要帮助人们形成科学的世界观、人生观、价值观，掌握道德原则和行为规范等，这些观念、原则、规范看起来是约束个体的异己的力量，但正是这些异己的东西才能够使个体在社会性的生活中生存下去，也正是这些东西赋予个体以力量，使其能在社会生活中充分发挥作用。

另一方面，思想政治教育是人的精神生活的一种方式。在人的精神生活中，思想政治教育是一种重要的沟通方式。这种沟通方式强调人与自然、人与社会、人与自我之间的交流和对话，注重从人的内部精神生活来适应和认同客观外部世界。在社会生活中，人们往往追求社会和个人的功利性需要，而人特有的反思性品质会使自己不断地反思自己的生命与精神世界的内在联系，并努力建立这种联系。如果一个人相信自己已经建立了这种联系，那么，他便能在情感和理性的平衡中寻找到生存和发展的意义。思想政治教育正是促使人的这种反思的重要力量，也是这种反思的重要方式。

（二）个体发展功能

思想政治教育的个体发展功能是指思想政治教育对塑造人的品德、促进人的发展所起的作用，主要体现在以下几方面：

第一，引导政治方向。就是运用启发、动员、教育等方式，把教育对象的思想和行为引导到符合社会发展要求的方向上来，即通过丰富多彩的活动及多种方式，提高教育对象的思想政治素质，促使其保持坚定正确的政治方向。具体说来，可从三方面进行：①目标导向，即确定明确而具体的奋斗目标，引导教育对象向目标奋进；②政策导向，主要是通过宣传党的路线、方针、政策来引导教育对象的思想，以提高其认识，规范其行为；③舆论导向，即利用赞赏、激励、批评、监督等手段，营造良好的舆论氛围，以正确的舆论调节和规范教育对象的思想行为，对教育对象形成一种强大的约束力和导向力。通过这三方面的工作，思想政治教育就能较好地引导受教育者的思想向社会要求的方向发展。

第二，约束规范行为。思想政治教育通过向人们传导法律、道德等社会规范，通过肯定、褒奖符合社会规范的行为，否定、批评背离社会规范的行为，就能较好地实现对人的行为的约束和规范。约束和规范人们行为的功能是思想政治教育的重要功能，如果思想政治教育仅仅停留在抽象的思想观念的教育上，而没有明确的规范要求，就很难把教育对象的思想和行为引导到正确的轨道上来，就有可能出现道德失范、行为越轨的情况。因此，思想政治教育要帮助教育对象形成正确的法治观、道德观，自觉遵循法律规范和道德规范，在社会规范允许的范围内从事创造性的活动。

第三，激发精神动力。思想政治教育的激励功能体现为运用多种手段，充分调动教育对象的积极性、主动性和创造性，促使其努力参加社会主义现代化建设。由于人的积极性与人的需要密切相关，需要越强烈积极性就越高；而人的需要又包括物质需要和精神需要，因此，激励可从总体上分为物质激励和精神激励两大类，它们对人的激励作用都是不可或缺的。因为人的物质需要和精神需要相辅相成，物质决定精神，精神对物质具有反作用，因而精神激励又是绝对不可缺少的。激发教育对象的社会主义积极性，既要靠合理的物质激励，又要靠有效的精神激励，要靠思想政治教育。

第四，塑造个体人格。思想政治教育的重要功能就在于塑造受教育者个体健全的人格，使教育对象形成崇高的精神境界和健康的心理品质，成为合格的社会成员。通过思想政治教育，可以更好地引导受教育者认识自己改造物质世界和创造社会历史的主体地位，认识自己的历史使命和社会责任，从而提高受教育者的主体意识；可以更好地帮助教育对象树立远大的目标和崇高的理想，正确认识社会、认识人生、认识自己，提高其适应和改造客观环境的能力；可以更好地帮助受教育者摆脱传统文化中的依附性、保守性、被动性的束缚，时刻保持一种对生活的积极参与和主动创造的精神，自强不息，百折不挠，从而充分挖掘自身的潜能，实现自身人格的完善。由此可见，思想政治教育是人自我发展和自我完善的一种特殊精神力量，在个体人格塑造中发挥着重要的作用。

（三）个体享用功能

所谓思想政治教育的个体享用功能，是指思想政治教育能使每个个体实现其某种需要和愿望（主要是精神方面的），并从中体验满足、快乐和幸福，从而获得精神上的享受。在建设社会主义和谐社会的进程中，正确认识思想政治教育的这一功能有着重要的现实意义。

思想政治教育的个体享用功能是客观存在的。思想政治教育通过发展和完善人的思想道德品质，可以从一个方面满足人的精神需要。而人的良好思想品德是一种把握现实世界的能力，它的特点是从人的善恶观念，也就是从一种内在尺度上把握现实世界。人的良好思想品德对世界的把握不仅表现在对善恶是非的识别上，而且更主要的还表现在对自我、他人、社会等的致善上，即表现为道德价值世界的建构方面。人的致善活动也就是主体良好思想品德的对象化、外化活动，有助于更好地创造构建一个更善的外部世界，从这个由他参与创造的外部世界中，人必然会获得某种满足和幸福。此外，思想政治教育有助于教育对象逐渐形成高尚的人生意境，处于这种意境之中，人们就可以一种审美心态去瞰视人生，从中获得审美的愉悦。

二、社会性功能

（一）政治功能

思想政治教育的政治功能是指思想政治教育通过培养具备良好思想政治素质的受教育者以推动政治发展的作用，具体表现为以下几方面：

第一，传导主流意识形态，调节社会精神生产。统治阶级要使自己的思想成为占统治地位的思想，就必须加强对社会成员的思想政治教育，以传导主流意识形态，调节社会的精神生产。在我国，思想政治教育通过宣传马克思主义和社会主义核心价值体系，统一人们的思想，整合社会的精神生产要素，从而实现对精神生产的导向和调节。具体来讲，就是要以科学的理论武装人，以正确的舆论引导人，以高尚的精神塑造人，以优秀的作品鼓舞人，支持和倡导先进而健康的精神生产和精神产品；同时，还要揭露和批判与马克思主义意识形态相对立的思想，遏制和取缔不健康的精神生产和精神产品，从而使精神生产和精神产品直接为我国社会主义的经济基础和政治制度服务。这是思想政治教育政治功能的重要表现。

第二，传播主导政治意识，引导人们的政治行为。思想是行为的先导，人的政治行为总是受到一定思想观念支配的。思想政治教育通过传播我国社会主导的政治思想、法律规范和道德观念，有助于培养受教育者坚定正确的政治方向，提高受教育者的政治判断力、鉴别力和选择力，发展其政治参与的意识，形成较高的政治素养，从而更好地参与政治生活。在建设社会主义和谐社会的进程中，思想政治教育要强化其政治功能，也就是要通过各种途径，系统地对教育对象进行主旋律教育，包括共产主义理想教育，社会主义、爱国主义、集体主义教育以及社会主义核心价值观、道德观教育等，为社会主义民主和法治建设创造根本条件。

第三，沟通社会信息，确保社会的有机联系，促进社会政治的稳定和发展。思想政治教育一方面要宣传马克思主义理论和社会主义先进文化以及党的路线、方针、政策，并促使受教育者将马克思主义和先进文化内化，认同并贯彻执行党的路线、方针、政策；另一方面还要倾听受教育者的呼声，并将受教育者的意见和建议反馈给上级有关部门，使之成为政治决策的依据。在纵向和横向的社会联系、社会交往中，思想政治教育扮演着重要的“沟通者”角色，对于加强党和人民之间的联系、协调人际关系、化解社会矛盾、促进社会的稳定和发展、增强民族凝聚力，起着不可或缺的重要作用。诚然，思想政治教育对社会政治稳定维护的作用不是单独发生的，而是与社会的其他功能系统如法治建设结合在一起产生的。因而，思想政治教育应加强与有关社会系统的协调，以形成立体的功能网络，从而达到维护社会稳定、促进政治发展的目的。

（二）经济功能

思想政治教育的经济功能是指思想政治教育通过调动教育对象的积极性，促使其主动参与经济建设以促进经济发展的作用。它主要表现为提高受教育者参与经济建设的积极性；帮助受教育者掌握经济活动的行为规范，形成理性的经济行为；为经济建设营造良好的环境等方面。概括地说，思想政治教育的经济功能主要表现为以下几方面：

其一，思想政治教育是经济建设坚持社会主义性质和方向的可靠保证。物质生产本身没有阶级性，但生产力总是同一定生产关系相联系，经济基础总是同一定上层建筑相联系的，因而物质生产的发展也有一个方向问题。从人类文明发展史来看，任何一个社会的统治阶级，都会以自己的思想体系和政治理念影响社会的物质生产，制约经济的发展方向。我国是社会主义国家，我国的现代化只能是社会主义现代化，思想政治教育的经济功能首先就表现为它要确保我国现代化建设的社会主义方向。在经济活动领域，思想政治教育通过帮助受教育者牢固树立建设中国特色社会主义的共同理想，提高受教育者贯彻执行党的路线、方针、政策的自觉性，就能有效地确保我国经济建设始终沿着社会主义道路前进。

其二，思想政治教育是营造经济建设发展的和谐社会环境的重要手段。物质资料的生产是人类社会生存的基础，一部人类历史就是生产发展的历史。为了维系人们之间的这种联系和关系，并使之处于和谐的状态，除了依靠政治和法律等手段外，还需要依靠思想道德的规范和调节。通过广泛而有效的思想政治教育，化解矛盾，协调关系，稳定情绪，以保持人与人、人与社会之间正常的稳定的联系和关系，维护个人的心理平衡，就可为经济建设营造一个和谐的社会环境，促进经济建设更好更快地发展。

思想政治教育营造社会环境的作用是多方面的，其手段多种多样，这里着重探讨思想政治教育通过对社会生活的调节以营造良好社会环境的情况。大致说来，思想政治教育对社会生活的调节主要通过以下途径来实现：

（1）心理调适。对受教育者进行心理调适，是使包括经济活动在内的各种活动顺利进行、解决受教育者的思想问题、促进其发展的必要手段。思想政治教育要善于运用心理调适的方法解决受教育者的思想问题，增进其心理健康，从而为经济建设创造良好的心理环境。

（2）人际关系调适。在现实生活中，由于各种原因，人与人之间的关系在很多时候会出现矛盾乃至冲突，这些矛盾或冲突会影响人们的生活和社会的和谐，因而必须对其进行协调。思想政治教育就是协调人际关系的重要手段。思想政治教育通过帮助人们化解人际矛盾，缓解人际冲突，有助于理顺人们之间的关系，进而建立团结、互助、友爱、平等的和谐人际关系，从而为经济建设营造一个良好的人际关系环境。

（3）情绪调控。人们在现实生活中遇到矛盾和困难，情绪就会发生变化，甚至出现不满、怨恨等负面情绪。这种负面情绪如果得不到缓解，就可能给个人工作和生活造成困扰，给经济建设带来障碍，因而必须及时对人们的情绪进行调节。思想政治教育是调节人们情绪的重要途径。通过深入细致的思想政治教育，帮助受教育者化解思想矛盾、稳定情绪，疏通思想、宣泄情绪，创造条件、转移情绪，重定目标、升华情绪，从而使受教育者的情绪得到及时有效的调适，获得新的平衡。这样就能大大减少社会的不安定因素，使受教育者以饱满的热情投入现代化建设中。

（三）文化功能

思想政治教育的文化功能指的是它对社会文化及其发展所发生的作用。从文化的运行过程来看，思想政治教育的文化功能包括文化传播功能、文化选择功能、文化创造功能等。

第一，文化传播功能。思想政治教育是教育者用一定的思想观念、政治观点、道德规范对教育对象施加有目的、有计划、有组织的影响，使他们形成符合一定社会发展要求的思想品德的社会实践活动。所谓“思想观念、政治观点、道德规范”，都属于文化的范畴，是政治文化和伦理文化的组成部分。在某种意义上讲，思想政治教育就是政治文化、伦理文化的传播过程，其目的是实现个体的政治、道德社会化。在这一过程中，同时存在着两方面活动：一是社会通过思想政治教育等形式传播思想政治信息和主导意识形态，促使人们接受主流文化的价值观，形成符合社会要求的行为模式；二是个体通过学习、模仿、社会实践等形式获得思想道德知识，形成一定的政治态度、政治信仰和政治情感。这两种活动在思想政治教育过程中相互联系、相互作用，辩证地统一在一起。可见，思想政治教育传播政治伦理文化的过程，是一种同为信宿、同为信源的双向信息交流和情感互动过程。

需要指出，思想政治教育传播文化的过程，也是保存和活化社会文化的过程。如果没有思想政治教育的传播，政治文化、伦理文化就只能表现为储存形态的文化，即蕴藏于物品或文献中，而不能被人们掌握和运用，难以在实际政治生活和道德生活中发挥作用。只有通过思想政治教育，才能使储存形态的政治伦理文化转变为现实的政治伦理文化，使特定的政治伦理文化与人的观念、智慧、意志、情感建立起联系，使社会规范成为人们维持良好生活秩序的准则，使健康的审美情趣和民族风俗成为丰富人们生活的内容和方式，使政治文化在社会生产和社会生活中发挥作用。

第二，文化选择功能。思想政治教育对文化的传播，并不是对现有文化的全盘照搬，而是一种选择的过程，它包含了对文化的撷取与吸收、排斥与舍弃。通过这种选择，在历史、当代、未来间建立起发展的链条，在东方文化与西方文化间建立起交流的桥梁，并据此去发展文化，推动社会进步。思想政治教育的文化选择功能主要是通过批判地吸收文化这一方式完成的，具体地说，就是根据一定社会的需要和思想政治教育的目的对传统文化与外域文化批判地借鉴吸收，有选择地加以传播，使其符合我国社会发展的要求，符合我国文化发展的需要。要发挥思想政治教育的文化选择功能，首先是思想政治教育者必须树立正确的文化观，提高文化选择的自觉性；其次，要加强对中华民族传统文化的价值吸收和批判改造，加强对西方文化的合理借鉴和批判改造，即要积极、主动、及时地对各种文化进行科学的分析、鉴别、筛选、利用；最后，要加强对教育对象文化选择的引导，使其在文化交流和冲突中进行正确的文化选择。

第三，文化创造功能。随着科学技术飞速发展，世界范围的文化交流日益加强，各民族文化的联系愈加紧密，竞争也越来越激烈。要提高中华民族文化的竞争力，使民族文化与时俱进，保持强劲的发展势头，就必须培养一大批具有文化创新能力的人才，而这正是当代思想政治教育的重要责任。思想政治教育通过培养具有创造精神和创造能力的人才，能有力地推动文化的创新。同时，思想政治教育在传播文化的过程中，是在不断地对政治文化、伦理文化进行整理、组合，并以最恰当的方式进行传递，这一过程实际上也是文化的创造过程。可见，思想政治教育的文化创造功能是客观存在的。在文化竞争日益激烈的今天，思想政治教育一定要高度重视创新型人才的培养，并创造性地传播政治文化和伦理文化，以充分发挥其文化创造功能。

将思想政治教育的功能分为个体性功能和社会性功能两个方面进行分析，在理论上是完全必要的。但在实际上，这两方面功能紧密联系在一起。个体性功能的实现不能脱离社会性功能去空谈，社会性功能也需要个体性功能作为其实现的中介，应注意使两者有机统一起来，从而最大限度地发挥思想政治教育的功能。

第四节　大学生思想政治教育的主体与对象分析

一、思想政治教育的主体分析

（一）思想政治教育主体界定

要界定思想政治教育主体的含义，必然要先揭示主体的内涵。从人的对象活动中去考察人与对象世界的关系，就出现了主体与客体这两个哲学范畴。何谓主体，不同哲学派别的哲学家对其做出了不同的理解。马克思主义认为，主体是生活在一定的社会关系中，从事社会实践活动的、能动的、现实的人。概括地说，主体是指有目的、有意识地从事实践活动和认识活动的人。

主体是人，但主体和人不是等同的。不是任何人都是主体，只有具备了一定实践技能、经验和科学文化知识并实际地从事实践和认识活动的人才是真正的主体。主体作为一种存在物，它与客体的不同在于具有自主性、主观性、自为性、社会性等特征。正是因为这些特征才规定了主体之所以为主体的本质。主体是一个实体范畴，是一种物质性的存在物，是自然与社会、物质与精神、感性与理性、受动与能动的统一体。

（二）主体性教育的实施

提倡主体性教育，就是要让学生在社会所要求的思想观念、道德意识、行为规范等方面，由被动接受教育的客体成为主动接受、积极吸收和认真实践的主体，把学校的要求转化为他们。

高校思想政治教育把实施主体性教育作为改革的重要目标是适应时代发展，切实增强高校思想政治教育的实效性，实现高等教育培养“合格的社会主义建设者和接班人”这一根本任务的迫切需要。第一，主体性教育是提高高校思想政治教育实效性的关键。第二，主体性教育是加强素质教育和创新精神培养的迫切需要。第三，主体性教育是促进学生个性充分发挥和实现自身价值的需要。

高校思想政治教育是要调整教育目标进行教育内容、方法、手段等方面的改进，使学生的主体性得到充分发挥。

二、思想政治教育的对象分析

（一）思想政治教育对象认知

所谓对象，是指观察、行动或思考时作为目标的客体。思想政治教育的对象，是指在教育活动中，教育者认识、教育、改造的对象。它有广义与狭义的区分。广义的教育对象包括教育者与受教育者，作为教育者之所以成为教育的对象，是因为教育者必须先受教育，他在教育、改造别人的同时，还要接受别人的教育、改造以及进行自我教育和自我改造。狭义的教育对象就是指受教育者，即在思想政治教育实践活动中，在思想政治教育者的指导下接受、实践相应思想政治教育内容的人，是思想政治教育者有意识地对其施加影响，以期使其形成相应思想政治品德的对象。受教育者有集体对象和个人对象之分。集体的教育对象是相对个人教育对象而言的，它是由许多人结合起来的有组织的整体。比如，工厂中的车间、学校中的班级、军队中的连队等，这些都是属于集体教育对象的范畴。

思想政治教育学所说的教育对象，是从广义的视角去进行研究的，即指一切人。但在具体的思想政治教育实践中，实践的主体是教育者，教育对象只能是受教育者，也就是说，要重点把受教育者的思想政治品德作为认识、改造的对象。

（二）高校思想政治教育的主要对象——大学生

高校思想政治教育的对象主要是大学生，能否对大学生有一个比较全面的认识，无疑是做好高校思想政治教育的前提和基础。

思想政治教育必须承认每个人在成长过程中所表现出来的才能和品德的差异，并且按照这种差异给予区别对待，努力做到因材施教。在高校思想政治教育中，首先要对这一特定的教育对象有一个正确的认识，如果对教育对象缺乏科学的认识，就难以把握好教育对象产生思想问题的原因和动机，也就难以做好高校思想政治教育。首先大学生是具有自然属性和社会属性的人，有各种需要。人的需要主要来自自然属性，即生理、心理的需要；但有些需要却来自社会属性，即社会的尊重和事业的成就。一般而言，人的需要大致可分为五个不同层次，即生理的需要、安全的需要、社交的需要、尊重的需要和自我实现的需要。前两种需要主要来自生理的需要，是属于低层次的需要，后三种需要来自社会性的需要，是属于高层次的需要。人要尊重这一高层次的需要，相应地，高校思想政治教育就应该充分尊重大学生的权利，平等相待。教育者不能以“教育者”而自居，必须开诚布公，充分尊重受教育者的人格。如果教育者居高临下，自视为高人一等，不能把受教育者看成是与自己完全平等的一员，而是以权力压人，以大道理训人，以尖刻的语言伤人，其结果不但不能收到入耳、入脑、入心、解决思想问题之实效，而且还会增加对立情绪，使矛盾激化。要把尊重人、理解人、关心人、帮助人，作为高校思想政治教育必须遵循的一个基本指导原则。只有平等地对待学生，理解每个学生的具体处境和个性，承认他们的不同性格、爱好和兴趣，以诚相待，以理服人，以情感人，高校思想政治教育才能真正收到实效。其次，大学生是一群独特的人。要尊重他们，正确引导而不是压制。再次，大学生是一群亟待发展的人。每个大学生都是可造就的，高校思想政治教育应充分认识大学生身上的潜能和不足，更要帮助他们解决成长道路上所遇到的实际问题，促进其进步和发展。最后，大学生是高校思想政治教育的主体，教育者应树立学生是教育主体的观点，相信学生内在的主体能力，改变教育教学方法；要认真把握大学生主体能力的表现形式，为学生构建广阔的活动空间；要努力完善学生的主体结构，进一步探索学生主体活动的规律。

总之，高校思想政治教育必须树立科学的理念，即尊重学生、理解学生、关心学生、帮助学生的科学教育理念，高校思想政治教育的一切都是为了学生，为了教育学生、为了服务学生、为了学生的健康成长。

（三）思想政治教育对象的一般特征

思想政治教育的对象是指在思想政治教育活动中教育者施加可控性教育影响的对象，它有广义和狭义之分。广义的教育对象包括教育者与受教育者。因为教育者必须先受教育，教育者在教育别人的同时，也要接受别人的教育及进行自我教育。狭义的教育对象就是指受教育者，它有集体对象和个体对象之分。集体教育对象是相对个体教育对象而言的，它是由许多人结合起来的有组织的整体。这里，主要是对狭义上的思想政治教育对象进行研究。

思想政治教育对象是一个复杂的集合体，其不同部分具有各自不同的特征，需要进行具体分析。此处主要是将思想政治教育对象作为一个整体，从总体上分析其一般特征。

1. 思想政治教育对象的广泛性

思想政治教育对象具有广泛性，“人人都是受教育者”就是对其广泛性特征的描述。思想政治教育是教育人影响人的活动，是做人的“思想”转化与提高的工作。人无时无刻不在“思想”，而任何人的思想都不可能天生正确和永远正确，即使是正确的思想也还有个不断提高、与时俱进的问题。因此可以说，凡是有人的地方，就应该有思想政治教育，全体社会成员无一例外都是思想政治教育的对象。过去，人们对这一点的认识存在着一些误区。例如，认为思想政治教育对象是特指那些思想上和政治上的落后分子，将受教育者视为改造的对象，使得一些人对思想政治教育产生抵触和逆反心理，从而削弱了思想政治教育的威信和魅力。又如，过去人们习惯于将领导者与被领导者、教育者与受教育者简单对立起来，似乎前者就只是教育者，是不需要接受教育的。事实上，在实际工作中，并不存在绝对的教育者和被教育者，他们的地位和角色是可以随着时间、地点和条件的转移而变化的。领导者和教育者不仅不应当被排除在教育对象之外，相反，因为他们的特殊地位和重要作用，他们更应当被视为思想政治教育的重点对象，他们在教育别人之前必须先接受教育。

2. 思想政治教育对象的层次性

思想政治教育对象具有广泛性，但广泛存在的思想政治教育对象并不是毫无差别、千篇一律、抽象统一的整体，而是分为不同层次的，层次性是思想政治教育对象的另一个基本特征。思想政治教育的对象不是抽象的人，而是现实生活中的人；现实生活中的人因其成长环境、生活阅历、知识结构、社会身份等的差异，具有不同的社会属性和时间、空间属性以及不同的思想特点，因而表现出明显的层次性。按照不同的标准，可将思想政治教育对象划分为不同类型、不同层次。例如，从年龄的角度，可将其划分为儿童、少年、青年、中年和老年等层次；从职业的角度，可将其分为工人、农民、军人、干部等；从文化程度的角度，可以将其分为大学、中学、小学、文盲等；还可根据受教育者的思想品德表现将其分为不同层次。即使是同一类型和层次的思想政治教育对象也可根据一定标准进一步将其细分为若干不同的类别和层次。思想政治教育对象的层次性特征，要求教育者在开展思想政治教育时，要针对不同受教育者的思想实际，提出不同的要求，运用不同的方法，有的放矢地解决不同类型、不同层次受教育者的各种思想问题和思想矛盾，以提高思想政治教育的针对性和实效性。

3. 思想政治教育对象的可塑性

可塑性是指思想政治教育对象的思想品德可以经由环境的影响和教育者的作用加以塑造，即经过教育，可使教育对象的思想行为发生符合社会要求的变化。教育对象之所以具有可塑性，是因为人的思想既不是先天形成的，也不是一成不变的，而是在内外部环境的综合作用下，在社会实践的过程中逐渐形成并不断发展的。教育对象的这种可塑性既为思想政治教育提供了可能性，也凸显了正面引导的重要性，是思想政治教育得以进行的内在依据。

思想政治教育对象的可塑性特征说明了教育对象是生成性对象，教育对象的思想素质不是一成不变而是不断成长的。这就要求思想政治教育者不能有“先入为主”的偏见，不能抱着“固守不变”的成见对待教育对象，而应以发展的眼光、欣赏的态度引导教育对象，激发受教育者的生长潜能，把握实施教育影响的最佳时机，使得受教育者的可塑性潜能不断得到激发和提升。

4. 思想政治教育对象的主体性

思想政治教育是一项特殊的实践活动，教育者和教育对象都是人，都具有主体性。但是，教育对象的主体性不同于思想政治教育者的主体性，它是一种“自觉能动性”，是接受教育的主体性，依然是教育对象客体性的特殊表现形式。

思想政治教育对象的主体性从根本上来说，是指教育对象不是作为完全被动的客体，而是作为一个有情感、有思想的活生生的人参与到思想政治教育过程中来的。教育对象作为思维着的人，能够能动地认识外部世界和内部自我，获得关于自身思想道德状况和思想道德教育影响的认识，从而认清自身与社会要求之间的差距。同时，教育对象对教育者传递的思想道德信息不是无条件地照单全收，而是根据自己的理解水平和内在需要有条件、有选择地加以取舍和再创造，这个选择和创造的过程既是教育对象自我教育、自我提高的过程，也是教育对象能动地反作用于教育者的过程。受教育者主体性的确立，使得教育对象自觉能动地以主体的视角体察教育者的教育活动及其所表达的意义，并从自己的需要出发，将自身的价值观念、情感、意志“投射”到接受对象上，使对象成为自己的对象，以自己的认知结构诠释、鉴别、选择、认定、内化教育者所传递的思想政治教育信息。可见，没有受教育者的主体性参与，思想政治教育活动就无法正常开展；离开了教育对象主体性的发挥，思想政治教育者的主导性作用也无从谈起。

第二章　新时代大学生思想政治教育理论分析

第一节　新时代社会主义核心价值观理论与内涵解析

社会主义核心价值观是一个完整的体系，具有丰富的内容和深刻的内涵。本节重点论述社会主义核心价值观在国家和社会层面的价值目标。习近平总书记在党的十九大报告中强调："全党要牢牢把握社会主义初级阶段这个基本国情，牢牢立足社会主义初级阶段这个最大实际，牢牢坚持党的基本路线这个党和国家的生命线、人民的幸福线，领导和团结全国各族人民，以经济建设为中心，坚持四项基本原则，坚持改革开放，自力更生，艰苦创业，为把我国建设成为富强民主文明和谐美丽的社会主义现代化强国而奋斗。"

一、新时代社会主义核心价值观理论诠释

（一）社会主义核心价值观在国家层面的价值目标

"富强、民主、文明、和谐"，是对中国特色社会主义共同理想的高度概括，是我国在社会主义初级阶段的经济建设、政治建设、文化建设、社会建设和生态文明建设的奋斗目标。它回答了我国要建设什么样的国家这一重大问题。奋斗目标无疑具有价值属性，体现了人民的愿望和社会的走向，是社会主义核心价值观在国家层面的价值目标。

1. 富强

富强，就是富足而强盛。它是每一个国家的梦想和追求。从历史上看，富强通常指国富兵强，指经济实力和军事实力的强大。但从今天的世界来看，富强指的是综合国力的强大。

在社会主义核心价值观中，富强是头一个核心价值理念，它具有基础性意义，富强是一切高端价值特别是精神价值的基础。马克思主义特别注重经济发展，关注人民群众物质利益的实现，这一立场和思想就在"富强"上得到体现。而且，富强是近代以来中华民族梦寐以求的美好夙愿。把富强纳入当代中国的社会主义核心价值观，反映了中华民族的期

盼和人民群众的愿望，是历史、现实和未来的必然要求。

正确理解“富强”的内涵，要注意两个方面：一方面，富强指的是综合国力，它不仅体现为经济、科技、军事等硬实力，同时也体现在制度、理念和形象的软实力上；另一方面，它要求实现的是全体人民的“共富”和“共强”，反对贫富分野、强弱分化。否则，就不是社会主义的核心价值。

2. 民主

民主，指的是“人民的统治”或人民当家做主。它反映了人民群众的历史主体地位，是人民群众创造历史的集中反映。因此，民主具有积极的意义，是人类普遍追求的价值理念。

社会主义是人民群众的事业，人民当家做主是社会主义的本质要求，是社会主义的生命线。列宁讲得很清楚，他说没有民主就没有社会主义。中国共产党人肩负着民族复兴的重任投身社会主义事业，也一直追求和探索着人民民主的实现。

资产阶级民主是历史的巨大进步。它打破了封建等级制，倡导公民在法律面前一律平等；通过公开竞争实现政权更替，终结了封建时代的残酷的改朝换代模式；通过权力制衡，减轻了权力对公民生活的侵犯。随着资本主义国家的长期探索和磨合，资产阶级民主积累了一些宝贵的经验。但西方民主模式也有很大的局限性。一是它的民主设计重形式轻实质，对于社会经济地位方面的民主有所忽略。二是它的多党竞争无法摆脱金钱势力的影响，难保公正，而且也不容易选出最优秀的领袖来治理国家。三是它的“三权分立”妨害决策效率和执行力。

中国共产党为实现人民当家做主、建设社会主义法治国家进行了不懈努力，始终坚持中国特色社会主义政治发展道路，坚持党的领导、人民当家做主、依法治国有机统一，坚持和完善人民代表大会制度、中国共产党领导的多党合作和政治协商制度、民族区域自治制度以及基层群众自治制度，不断推进社会主义政治制度自我完善和发展。社会主义越发展，民主也越发展。在发展中国特色社会主义的历史进程中，中国共产党人和中国人民一定能够不断发展具有强大生命力的社会主义民主政治。

3. 文明

文明是社会进步的重要标志，也是中国特色社会主义的重要特征，把文明纳入社会主义核心价值观，是十分必要的。

“文明”一词最早出现在《周易》中，其中有“见龙在田，天下文明”的说法。其含义是“文采光明，文德辉耀”的意思。西方的“文明”一词来源于拉丁文 civilis，意思是“公民的、公共的、有礼貌的”。

在马克思和恩格斯那里，“文明”是社会的事业、实践的成果。他们把发展起来的生产力称为“文明的果实”，把科学、艺术称作“文明的精致品”。

如何把握社会主义核心价值观中的“文明”的内涵？从狭义上说，它特指社会主义精神文明；而从广义上看，它是物质文明、政治文明、精神文明和生态文明的统一。从社会主义核心价值观的视野来看，它首先是狭义的。因为它是与“富强”“民主”“和谐”共同构成价值目标的，其中富强主要是经济上的，民主主要是政治上的，文明主要是精神文化上的，而和谐则是社会建设方面的。但又不能完全局限于狭义的理解，因为社会主义核心价值观中的每一个价值理念都是一个完整的高势位理念，它们不仅属于24字核心价值观的整体，而且可以单独提出来加以阐释，并形成核心价值观的代表。在这个时候，它当然就是广义的了。

不仅要把握“文明”的内涵，还要把握它的特点。通常所说的文明当然是中国特色社会主义文明，它具有社会主义属性和中国特色。中国以马克思主义为指导，追求的是社会主义文明，它是更高的文明类型，代表着人类发展进步的方向。同时，我国的文明具有中国特色，它与中华文明一脉相承，是对中华优秀传统文化的升华。我国提倡和弘扬社会主义核心价值观，必须从中华文明中汲取丰富营养，充分体现对中华优秀传统文化的传承和升华。同时，它汲取了世界文明的成果，包括西方文明的成果。西方文明是重要的文明类型，为人类社会的进步做出了重要的贡献。

尽管文明是从国家层面提出的核心价值观，但其实现还要落实到个人层面上，需要每一位社会公民的努力。一方面，要大力发展生产力，不断推进改革开放，促进物质文明、精神文明、制度文明、生态文明协调发展；另一方面，要不断提高人民的文明素质，倡导并践行文明的生活方式和行为方式。社会主义文明价值观将推动更加富强、民主、文明、和谐的社会主义国家的实现。

4. 和谐

和谐，是中国传统文化中的核心理念，代表了中华民族对于美好的社会生活状态的想象和追求。将“和谐”纳入社会主义核心价值观，突出体现了对中华传统优秀文化的继承和弘扬。

倡导社会和谐体现在许多方面：表现在国家目标上，就要实现人民安居乐业、社会安定有序、国家长治久安；表现在人与人的关系上，就是要遵守公民基本道德规范，以及社会公德、职业道德和家庭美德，形成团结互助、平等友爱、融洽相处、共同前进的社会和谐氛围与人际关系；表现在人与社会的关系上，就要确立权利公平、机会公平、规则公平的观念与制度，保证人民平等参与、平等发展的权利；表现在人与自然的关系上，就是要尊重自然、顺应自然、保护自然，实现绿色发展、循环发展、低碳发展，建设美丽中国。

5. 美丽

党的十九大报告中，生态文明建设被列入中国特色社会主义的总目标、总任务、总体布局中，是继党的十八大把生态文明建设纳入“五位一体”总体布局后的重大战略安排。四十多年的高速发展解决了十几亿人的温饱问题，成就了世界第二大经济体。人民美好生活的愿望和要求随着经济的发展日益提升，对环境的要求也在增长。与此同时，资源大量消耗、生态系统退化，特别是大气、水、土壤污染严重，已成为中国社会经济发展的明显短板，成为民生之患、民心之痛。

党的十八大以来的九年间，习近平总书记对生态环境保护和生态文明建设的重要讲话、论述和批示指示达300余次，形成了系统完整的习近平生态文明思想。十八届三中、四中全会先后提出“建立系统完整的生态文明制度体系”“用严格的法律制度保护生态环境”，将生态文明建设提升到制度层面；十八届五中全会提出“创新、协调、绿色、开放、共享”的新发展理念；在制订“十三五”规划时，加强生态文明建设首度被写入五年规划。

党的十九大报告更进一步明确了实现“两个一百年”奋斗目标中对生态文明的要求：到2020年，坚决打好污染防治攻坚战；到2035年，生态环境根本好转，美丽中国目标基本实现；到21世纪中叶，建成富强民主文明和谐美丽的社会主义现代化强国。中国社会主要矛盾已经转化为人民日益增长的美好生活需要和不平衡不充分的发展之间的矛盾。绿色发展领域的“不平衡”，显现为经济发展和生态环境保护的不平衡、人口和资源的不平衡、人与自然的不平衡。

“绿水青山就是金山银山”，这句话深刻揭示了发展与保护的本质关系，如今已成为社会普遍共识，引领着中国走上绿色发展之路。这是新时代中国生态文明建设的重要理论创新。生态环境问题归根结底是经济发展方式问题。保护生态环境、提高生态文明水平，同时也是转方式、调结构的过程。中国经济已由高速增长阶段转向高质量发展阶段。

党的十九大报告不仅提出解决生态文明问题的总体思想，还提出了切实可行的具体措施。不仅提出“着力解决突出环境问题”“改革生态环境监管体制”等方向性要求，也列出清晰思路和举措，如加快建立绿色生产和消费的法律制度和政策导向，提高污染排放标准，强化排污者责任，健全环保信用评价、信息强制性披露、严惩重罚等。生态文明蓝图已然绘就，“路线图”和“施工图”日渐清晰。

（二）社会主义核心价值观在社会层面的价值取向

“自由、平等、公正、法治”是社会主义核心价值观在社会层面上的价值取向，它指明了我国要建设什么样的社会的重大问题。这一价值取向契合了中国特色社会主义的发展要求，承接了中华优秀传统文化和人类文明优秀成果，具有重大的指导意义。

1. 自由

自由，指的是人摆脱束缚、无拘无束的状态。从这个意义上说，它与“解放”的意思是相近的。人们常说的“解放”，其实就是自由或自由的表现。人们对自由的追求主要在自然、社会和人自身这三个领域中进行，因为人所受到的束缚主要来自这三个领域。

在自然领域中，人受着大自然的限制和约束，为了追求和实现自由，就必须认识和改造自然，以合乎自然规律和人类本性的方式，实现人与自然的物质变换。

在社会领域中，人受到社会各方面的约束，特别是社会政治的约束。为了得到自由幸福的生活，也必须认识社会和改造社会。人类社会发展进步的过程，也是人在社会中得到更多自由的过程。历史发展到资本主义社会，资产阶级在反封建反神学统治的过程中，在倡导自由贸易的过程中，强调了人的自由，推进了社会进步。社会主义社会应该是更加自由的社会，尽管现实中的社会主义国家面临着巨大的内外部压力，一些条件也不完全具备，但也积极地逐步扩大公民的自由。我国宪法规定，我国公民享有言论、出版、集会、结社等政治自由，同时享有契约、交换、择业、婚姻、教育等方面的社会自由。社会主义的民主法治是实现这些自由的根本保证。

人不仅受着自然和社会领域中的束缚，也受着自身的束缚，还受着自身能力有限性和自我弱点方面的束缚。在这方面追求自由，就是要实现人的自由而全面的发展。马克思曾以人的自由发展为尺度来划分人类历史的时代：第一个时代是“人的依赖性”社会，即人依赖于群体和他人，缺少独立性和个人自由；第二个时代是“物的依赖性”社会，即人虽然有了自己的独立性，但又依赖于物质财富，还是不得自由；第三个时代是人的自由发展的时代，而共产主义社会就是这样的社会。这充分说明马克思主义对自由而全面的发展的高度重视。

不论是在哪个领域中追求自由，都要按规律办事，认识规律、遵循规律和运用规律。仔细思考一下就能明白，构成对人的自由的限制的，既有不合理的人为设置的障碍，又有暂时的不利的主客观条件，还有事物的客观规律本身的要求。对于不合理的人为障碍，要有反抗的勇气，勇于破除不合理的体制机制上的限制；对于不利的主客观条件，要积极创造条件，以求加以改变；而对于客观规律本身，则既不能反抗，也不能取消，只能遵循。

自由是社会主义核心价值观的题中应有之义，它既是社会主义本质的体现和要求，也是中国人民长期以来的价值理想和追求，更是中国共产党的奋斗目标和历史职责。把“自由”上升到社会主义核心价值观，符合中国共产党的执政理念、中国人民的情感需要以及社会主义的发展方向，符合中国人民对于社会的要求和期待，同时也是对最广大人民根本利益的尊重和确证。

2. 平等

平等，是指人与人之间在经济、政治、文化等方面处于同等地位，享有同等权利。平等是实现人民民主的基本前提，是维护公平正义的根本基础，也是实施依法治国的必要条件。它要求尊重和保障人权，人们依法享有平等参与、平等发展的权利。

平等是社会主义本质的体现。社会主义就是要实现人与人之间在经济、政治、文化上的平等。平等作为社会层面的核心价值追求之一，包括以下几方面的内容：

(1) 人们在法律面前一律平等。

(2) 人们在政治上享有平等的权利。政治权利是人们在处理公共事务方面所具有的权利。我国是工人阶级领导的、以工农联盟为基础的人民民主专政的社会主义国家，这保证了广大人民当家做主。人民代表大会制度实现了民主集中制，消除了特权和专政。

(3) 人们在经济上、文化上享有平等的权利和义务。在我国，以公有制为主体、多种所有制经济共同发展的经济制度，保障了广大人民群众占有生产资料；以按劳分配为主体、多种分配方式并存的分配制度，保障了人们有各尽所能的平等义务和按劳动取得报酬的平等权利，保障了人们在经济上逐步实现平等；人民也享有文化服务和文化发展上的平等权利。

平等也是人格的平等。人格是个人在社会中的地位和作用的统一，是个人的尊严、名誉、价值的总和。在社会主义社会，尽管人有生理、心理上等各种差异，但人格是一律平等的。人只有社会分工的不同，没有高低贵贱之分。我国宪法也规定，公民的人格尊严不受侵犯。

人们的社会平等不仅是权利上的平等，还是机会和结果上的平等。社会主义社会应该为每个社会成员的自我发展、自我完善平等地提供必要的机会和条件，实现教育、就业、医疗、福利等各种公共服务等方面的平等，使人人都拥有平等参与、平等选择、平等竞争的机会。这样，有能力的人只要努力奋斗，就一定能享有人生出彩的机会，享有梦想成真的机会。

当然，平等的实现是一个过程。我国现在处于社会主义初级阶段，只能实行与此适应的平等。但不能以此为借口，无视社会中的不平等现象：贫富差距拉大，部分行业、官员存在特权，地域之间、民族之间发展不平衡现象仍然存在，等等。要积极推进政治、经济、社会等领域的改革，从而把“不平等保持在一个合理的范围内”，并逐步减少不平等，实现各方面的平等。

3. 公正

公正，即公平、正义。作为一种价值理念与制度准则，它是与人类文明史相伴的。社会主义核心价值观中的“公正”，不仅充分汲取了中国优秀传统文化的精髓，呈现了人类发展史上的优秀思想成果，而且反映了中国特色社会主义的本质要求，成为凝聚社会共识的价值源泉。

公正是凝聚中国力量的重要源泉，是实现社会稳定的重要法宝。公正不仅是分配领域的公平，也是制度设计中的正义；不仅是个体发展所要求的机会均等，也是社会持续向前行进的和谐步调。中国梦就是要让生活在伟大祖国和伟大时代的中国人民，共同享有人生出彩的机会，共同享有梦想成真的机会，共同享有同祖国和时代一起成长与进步的机会。美好愿望离不开公平正义的社会环境，更离不开每一个中国公民的参与和热情。社会和谐并不是没有矛盾，而是表现为能够解决矛盾。中国正处在改革攻坚期，不同社会利益在变革中反复被触动，群体性事件时有发生。倡导公正的社会主义核心价值理念，必须认真对待各种不稳定因素，从根源处化解公民的不良情绪，守住尊严与生命的底线，让社会主义的发展成果真正惠及每一个公民。

正确理解社会主义核心价值观的“公正”，推动社会公正的实现，需要注意三个方面：首先，公正必须以生产力发展为前提。在物质财富匮乏的条件下，是不可能从总体上实现真正意义上的社会公正的。完善的市场经济和发达的社会生产是实现社会公正的物质支撑。其次，公正要有一个符合公理的规则。“一碗水端平”是老百姓对公正最朴素的描述和要求。“公正”就是社会公众认为正确的事情，只有被社会公众普遍认可的规则才具有现实的可能性。在当下，共建共享是老百姓最朴实的呼唤。最后，公正是一种制度设计。制度具有强制力与规范性，是社会公平正义的根本保证，必须加紧建设对保障社会公平正义具有重大作用的制度，保障人民在政治、经济、文化、社会等方面的权利和利益。公正是现实的呼唤，迫切需要解决。同时，我国尚处在社会主义初级阶段，实现社会公正仍是一个长期的过程。

4. 法治

法治作为一种治国理念或治国方略，强调法律的权威性和普遍适用性，将法律作为治理国家和社会的最高准则，任何人和机构都不得凌驾于法律之上。

“法治”与“人治”相对。“人治”是指依人而治，靠的是掌权者的权威和智慧，强调掌权者的绝对权力。而“法治”是指依法而治，靠的是法律的理性和权威，强调法律在国家和社会治理中的至上地位。现代国家普遍承认，法治是优于人治的治理方式。法治不等同于法制。法制是法律制度的简称，属于法律的体系和架构层面，而法治则是依法治理的总原则和总理念。仅有法制是不够的，也无法排除人治的可能。

法治是治国理政的基本方式，是实现国家长治久安、社会安定有序、人民安居乐业的可靠保证，是实现自由平等、公平正义的可靠保障。法治不是束缚人的，而是保障人的生存发展的利益和权利的，是实现人与社会的和谐所必需的基本规范。

依法治国是改革开放以来中国共产党和国家确立的基本治国方略。全面推进社会主义法治建设，必须坚持中国共产党的领导、人民当家做主、依法治国的有机统一。保证中国共产党在法治建设中始终发挥总揽全局、协调各方的领导核心作用，保障广大人民群众依照宪法和法律的规定实现当家做主的权利，保证国家各项工作都依法进行。

依法治国，有法可依是前提。改革开放以来，我国法律制定紧锣密鼓地进行，取得巨大成就。目前，一个以宪法为统帅，以宪法相关法、民法、商法等多个法律部门的法律为主干，由法律、行政法规、地方性法规等多个层次的法律规范构成的中国特色社会主义法律体系已经形成，国家和社会生活的各个方面实现了有法可依。当然，法律体系还要继续完善和发展。

依法治国，依法执政、依法行政是关键。党领导人民制定宪法和法律，党自身必须在宪法和法律范围内活动，真正做到党领导立法、保证执法、带头守法。依法行政是政府公信力的生命线，行政权力必须在法治框架下运行，一切行政行为都要接受监督。党的十九大报告中指出：“全面依法治国是国家治理的一场深刻革命，必须坚持厉行法治，推进科学立法、严格执法、公正司法、全民守法。成立中央全面依法治国领导小组，加强对法治中国建设的统一领导。加强宪法实施和监督，推进合宪性审查工作，维护宪法权威。推进科学立法、民主立法、依法立法，以良法促进发展、保障善治。建设法治政府，推进依法行政，严格规范公正文明执法。深化司法体制综合配套改革，全面落实司法责任制，努力让人民群众在每一个司法案件中感受到公平正义。”

依法治国，严格执法、公正司法是根本。要加强宪法和法律的实施力度。在有法可依的基础上，确保有法必依、执法必严、违法必究，维护人民合法权益和社会公平正义。要深化司法体制改革，建设公正、高效、权威的社会主义司法制度。确保审判机关、检察机关依法独立公正行使审判权、检察权。实现司法公开，加强对司法权力的监督，打击司法腐败。提高司法能力，最大限度减少冤假错案的发生。

依法治国，提高全社会的法律意识和法治观念是基础。习近平总书记在 2018 年 2 月 23 日中共中央政治局第四次集体学习时提出，在全社会弘扬社会主义法治精神，引导全体人民遵守法律、有问题依靠法律来解决，形成守法光荣的良好氛围。要深入开展法治宣传教育，弘扬社会主义法治精神，倡导和树立社会主义法治理念，形成自觉学法、尊法、守法、用法的社会氛围。

社会主义核心价值观的提出与任何一种价值观一样，绝不是空穴来风，它的提出具有强烈的现实性、解决问题的针对性，具有重大的理论意义和实践功能。

二、社会主义核心价值观的理论意义

（一）回应了中华民族复兴的价值呼唤

中华民族复兴是中国人民的不懈追求，也是世界和平与发展的有力保障。中华民族复兴，不仅需要持续的经济社会发展作为物质基础，也需要与其相匹配的社会主义核心价值观作为精神后盾。

社会主义核心价值观是立国之本。在国家层面，价值观是一种精神资源，内化于国家成长的思维与行为之中，规定着国家的价值目标，起着维系国家长治久安的基础性作用。我国社会主义核心价值观在国家价值目标上，提出了“富强、民主、文明、和谐”的规范要求，这是社会主义核心价值观的最高体现，也是中国特色社会主义的基本价值追求。在实质意义上，它为中国共产党领导的中国特色社会主义国家指明了前进的方向与明确的道路，成为中国特色社会主义国家名副其实的立国之本。

社会主义核心价值观是民族之魂。在民族层面，价值观是一种行为理念，扎根于广大社会民族成员的头脑之中，起着规范行为和指导行为的作用。民族是国家的基础，两者命运紧密联系。民族兴，则国家兴；民族亡，则国家亡。以价值观锻造的民族，必然会越发强大；以强大民族维系的国家，必然会越发稳定。中国社会主义核心价值观对于中华民族的锻造，一是在社会层面倡导“自由、平等、公正、法治”的价值取向。社会是民族成员的生活场域，体现着社会中人与人之间的关系。以自由、平等、公正、法治作为处理社会关系的基本原则，可以有效促进中华民族各成员之间的团结友爱，以此维持良好的社会秩序。二是在公民个体层面倡导“爱国、敬业、诚信、友善”的价值准则。中华民族是多成员组合体，民族素质与民族精神的衡量，民族成员个体修为极为关键。以爱国、敬业、诚信、友善作为个体素质历练的价值准则，使得各民族成员的自我提升有了共同的明确方向，为塑造一个热爱国家、热爱劳动、诚实守信的中华民族提供了基础。

综合而言，社会主义核心价值观在国家、社会、个人三个层面的价值倡导，体现了国家价值目标、社会价值取向和个体价值准则的高度统一。社会主义核心价值观既是国家立国之本，又是民族塑造之魂，成为实现中华民族伟大复兴中国梦不可或缺的精神命脉。

（二）有利于提升国家软实力

当今社会，文化软实力是国际竞争中一个国家综合实力的重要组成部分，也是国家发展、社会进步的重要精神力量。一个国家公民的价值观念状况体现了国家整体精神面貌，是这个国家文化软实力的重要组成部分。通过积极培育和践行核心价值观，可以让广大群众认识现阶段全社会的价值目标、价值取向和道德准则，掌握社会主义核心价值观的一系列理论，并使其成为自身的价值追求和价值实践，并将社会主义核心价值观作为最根本的目标共识，使社会主义核心价值观成为引领国家发展、社会进步的精神力量，从而大大提升文化软实力，最大限度地动员和凝聚全国人民投入中国特色社会主义事业的建设中。在促进中国特色社会主义事业发展的同时，也使中国的国家形象、竞争力以及中国人民的精神面貌更加得到世界人民的认同，真正实现国家富强、民族振兴、人民幸福，使中华民族更好地屹立于世界民族之林。

（三）符合深入推进社会主义核心价值体系建设的现实需要

社会主义核心价值体系的内容包括“马克思主义指导思想、中国特色社会主义共同理想、以爱国主义为核心的民族精神和以改革创新为核心的时代精神，社会主义荣辱观”。通过多年来的实践，在中国共产党的领导下，社会主义核心价值体系建设工作取得了巨大成就。无论在引领社会思潮、凝聚社会共识方面，还是在把握和坚持社会主义意识形态的本质，以及巩固和规范社会公众的价值和道德规范等方面，都不能忽视社会主义核心价值体系的重大作用。但不可否认的是，在具体的社会主义核心价值体系建设实践中，还存在着很多不足，如文字表述较多、不便于理解、理论性太强等，不利于在全社会特别是在广大青年学生中对社会主义核心价值体系进行普及和推广。

科学阐述社会主义核心价值体系精髓的最好方式是利用最朴实简单的词语进行表述，以便于理解和实践。这样的表述方式可以与我国古代核心价值观表述方式相媲美，易于被普通大众接受和熟记，能够使广大群众对社会主义核心价值体系的内涵做到全面理解和把握，积极推动他们自觉践行社会主义核心价值体系。

（四）为中国梦的实现提供了思想保证

中国梦指明了国家和民族前进的方向，是几代中国人的共同心愿，体现了国家、民族和人民的整体利益，是每一个中国人的共同期盼。大学生是国家的希望、民族的未来，是富有理想追求的群体。习近平总书记提出的中国梦，也是大学生的成才之梦、报国之梦。因为大学生是实现中国梦的生力军，是“梦之队”的中坚力量。在追梦的旅程中，大学生只有将个人梦想融入中国梦之中，个人理想才能实现。

共同富裕、公平正义、民主法治、自由平等、诚信友善、文明和谐……这些内容既是人民群众的愿望理想，也是每个人中国梦的不同体现。而这些平实朴素的梦想与社会主义核心价值观是完全相融合的，社会主义核心价值观为中国梦的实现指明了方向。当代大学生成长在中国特色社会主义新时代，承担着实现“中国梦”的历史重任。他们的价值观状况如何，不仅关乎个人道德水平状况和个人成长成才，更关乎国家富强和民族复兴。通过在大学生中积极培育和践行社会主义核心价值观，能够教育引导大学生胸怀共产主义远大理想，坚定中国特色社会主义信念，增强抵制各种腐朽思想侵蚀的能力，做到坚持理想信念不动摇，坚持奋斗精神不懈怠，自觉投身到中国特色社会主义伟大事业中，自觉把个人的前途命运与国家和民族的前途命运紧密联系起来，努力学习，掌握本领，艰苦奋斗，自觉磨炼自己，提高能力，勇担起实现中国梦的历史责任，为实现中国梦而贡献青春。

当前，弘扬社会主义核心价值观是推进中国特色社会主义伟大事业、实现中华民族伟大复兴中国梦的战略任务。只有切实发挥社会主义核心价值观的思想保证作用，才能推动实现中国梦的社会历史进程。

其一，实现中国梦需要最大限度地释放思想能量。社会主义核心价值观是社会主义本质使然，其目的即在于明确国家、社会、公民三大层面的基本价值准则，寻求我国社会价值观的“最大公约数”，最大限度地激发实践主体的积极性、主动性、创造性，从而汇集起实现远大理想和奋斗目标的思想动能。中国梦是国家情怀、民族情怀、人民情怀高度统一的梦，连接着国家、集体、个人的利益诉求，归根结底是人民的梦。这就需要通过大力培育和践行社会主义核心价值观，全面发挥广大人民群众的能动作用，汇聚实现中国梦的强大力量。

其二，实现中国梦需要最为鲜明地确立价值导向。实现中华民族伟大复兴中国梦是新时代中国共产党人的庄严承诺和神圣使命。社会主义核心价值观以鲜明价值导向构筑起中国社会历史发展的精神坐标，其价值功能已深深嵌入实现中国梦的过程之中。中国梦开启于马克思主义中国化历史进程，必然需要汇聚国家、社会和个人的共同力量，而社会主义核心价值观就是聚合这一价值追求的思想基础。中国梦旨在坚持和发展中国特色社会主义，必然需要整体构架当代中国社会的核心价值，而社会主义核心价值观就是奠定这种共同理想的基本保障。中国梦事关国家和民族乃至个人的前途命运，必然需要汇集 14 亿人不可战胜的磅礴力量，而社会主义核心价值观就是汇集这股精神力量的价值导向。

其三，实现中国梦需要最为广泛地提供实践原则。社会主义核心价值观主导并统领着新时代主流意识形态的发展，既是社会意识中最为基础的价值观念，也是社会实践活动中最为基本的价值诉求，能够拉近梦想与现实的距离，能够贯通理想信念与奋斗目标的关系。实现中国梦需要遵循社会主义核心价值观所涵括的实践原则，更为明确实践主体的价值目标，牢固确立治国理政的价值准则，进而打通理想与现实的通道，使共同梦想从抽象转化为具体，使奋斗目标从理论形态转向实践形态。因此，社会主义核心价值观对实践原则的厘定，是托举和支撑中国梦的重要前提和必要条件。

（五）有助于应对西方价值观的挑战

当今的国际环境在不断发生改变，随着政治多极化、经济全球化、文化多元化的进程加快，再加上科技突飞猛进地发展，导致各种思想文化不断发生碰撞和交流，这就大大增加了人们选择和认同价值观的难度。如何选择一个与时代相契合且正确的价值观成了一大难题。同时还应该看到，以美国为首的西方发达国家凭借着科技、军事、经济等层面的有利地位，在全球范围内推广其价值理念，以文化商品作为媒介，将冠以民主、自由的价值观向世界范围推广，这对社会主义核心价值观产生了一定的冲击和挑战。对于美国来说，它的国家战略实际是向世界推销其核心价值观，努力使中国的意识形态更加西化。这种形势在一定程度上给我国的文化安全和意识形态造成了很大压力，如果我国不践行具有中国特色的社会主义核心价值观，就很难抵御这一压力和挑战。

社会主义核心价值观是我国的强国之魂，是我国的兴国之本，其是国家核心竞争力和民族凝聚力的反映。因此，就文化安全的战略来说，践行社会主义核心价值观显得尤为重要。这是我国作为一个发展中国家从国家战略的高度来说的，其不仅有助于保护我国优秀的文化传统，维护本民族的核心价值，还有助于提高我国的文化软实力，营造和平的文化环境。

（六）论证了中国共产党执政的合法性基础

自改革开放以来，中国共产党带领人民不断取得胜利，其重要的原因就在于坚持中国特色社会主义道路、坚持社会主义制度、坚持中国特色社会主义理论体系，推动着中华民族屹立在世界民族之林。

从中国共产党的执政条件来说，虽然已从一个革命党转向执政党，但是政治、经济的变化使中国共产党的执政与建设面临着一系列的挑战和考验。当前中国共产党必须要加强现代社会主流意识形态建设，积极践行社会主义核心价值观，提升中国共产党的执政水平和能力，从而增强中国共产党执政的合法性。

另外，社会主义核心价值观具有优化执政环境、降低执政风险等积极意义，并且可以一定程度上抵御腐败现象。因此，践行社会主义核心价值观也是坚定中国共产党执政能力的关键，有助于化解中国共产党执政中遇到的矛盾。

总而言之，在当代由于国际、国家、党等不断发生变化，这就要求我国必须深入地践行社会主义核心价值观，大力弘扬时代精神，加强对党员、民众等的社会主义核心价值观教育和践行，使他们愿意认可社会主义核心价值观。

（七）有助于高校教育健康发展

教育是国家的立身之本，我国高校的首要任务就是培养社会发展所需要的各类人才。高校是培养人才的重要基地，要坚持育人为本、德育为先，把立德树人作为教育的根本任务。当前经济、文化全球化的发展对高校的人才培养提出了更高的要求，高校所培养出的人才要适应社会的发展，就必须高度重视大学生社会主义核心价值观的培养，因为一个人即便有良好的知识结构、高效的创新能力，如果他没有一定的价值担当也是不可用的。

一个人素质的高低并不取决于他自身的文凭学历，也不取决于他所表现出的知识技术，而取决于他所具有的核心价值观。只有通过社会主义核心价值观的强有力引导，才能帮助高校大学生树立明辨是非的世界观、价值观、人生观，从而正确区分马克思主义与非马克思主义或反马克思主义。唯其如此，才能保证大学生排除外界干扰，驱除心中杂念，真正践行社会主义核心价值观，从而为党和国家做出贡献。

三、社会主义核心价值观的实践功能

（一）治理功能

国家治理能力关乎民族兴衰。理论是革命的先导，一个国家采取什么样的治理方式、以什么样的理念进行治理，在很大程度上影响国家治理的结果。2014 年 2 月，习近平总书记在省部级主要领导干部学习贯彻十八届三中全会精神全面深化改革专题研讨班开班式上发表重要讲话强调："推进国家治理体系和治理能力现代化，要大力培育和弘扬社会主义核心价值体系和核心价值观，加快构建充分反映中国特色、民族特性、时代特征的价值体系。"国家治理怎样与核心价值观联系起来，如何把握它们之间的关系，关系到国家治理能否走向现代化。

党的十八届三中全会提出全面深化改革，并以推动国家治理体系和治理能力的现代化作为战略目标，表征着改革的全面性、系统性、现代性等方面发生很大的变革，它迫切需要通过一种顶层设计来建构全面深化改革、推动国家治理现代化的总体构架，而核心价值观的导航也就成为其内在的需要。

进一步讲，一个国家从传统的管理方式到现代化的治理方式的转化首先是价值考量的问题，接着是价值引领的问题。那么，为什么要推进国家治理体系和治理能力的现代化，必须要从主流价值的层面说清楚、讲明白。而要实现国家治理体系和治理能力的现代化，还必须以主流价值观为指导，只有在价值观念上达成共识，才能汇聚国家力量，劲往一处使，共筑中国梦。现代化的治理体系必须要有现代化的核心价值观、现代性的价值指引。

只有理念、观念的现代化，才能推动治理能力的现代化。为此，《关于培育和践行社会主义核心价值观的意见》指出："把培育和践行社会主义核心价值观落实到经济发展实践和社会治理中"，就是要在思想层面、价值层面为国家治理体系和治理能力的现代化提供价值指引。

（二）聚合功能

当代中国，改革进入攻坚时刻，如何在共建中共享，让人民共同参与到全面深化改革的浪潮中来，就需要一种核心价值观，能够代表最大公约数，能够引起大多数人的共鸣和精神洗礼。以社会主义核心价值观作为凝聚中国精神、汇聚中国力量的聚合剂，就是要发挥社会主义核心价值观引发聚合反应、改善聚合速度、调节聚合结构、调控聚合力量、改进聚合生态的作用和功能。

引发聚合反应，就要推动社会主义核心价值观武装群众，让群众了解核心价值观，认同核心价值观，从而为了一个共同的价值目标聚合起来，在精神世界里引发聚合反应，提升群众的精神境界和价值追求的层次。

在这个基础上改善聚合速度，就是在人民群众精神发展过程中，以社会主义核心价值观改善群众聚合的速度，调节聚合结构，在价值多元化、利益结构深刻调整的时代，社会思潮的变迁推动群众形形色色的价值观念聚合起来，形成零碎的聚合、结合或者系统的有机结构。社会思潮推动群众聚合的速度和结构，在当前引发形态各异的社会现象。发挥社会主义核心价值观的功能，就是要在多样性的社会思潮作用群众聚合的过程中改善聚合速度、调节聚合结构，使得群众的精神聚合速度和结构更加有利于社会和谐稳定、文明进步，更加有利于国家治理向科学发展方向，进而调控聚合力量、改进聚合生态。

调控聚合力量、改进聚合生态是社会主义核心价值观凝聚中国精神、中国力量的关键一步。社会发展需要协同各方面力量，群众容易以自身的方式聚集起来，即自然状态下的物以类聚、人以群分，形成聚合力量。这种聚合方式在一定意义上难以适应工业化进程中社会发展的需要，在全球化变迁中，在多元价值碰撞的时代，群众聚合的方式及其力量呈现的方式需要有效的引领和调控，即实现新时代的社会力量的整合。发挥社会主义核心价值观的调控力量，就是要在实现中华民族伟大复兴的道路上有效引领群众力量的聚合，调控社会各种思想力量，让更多的思想力量汇聚到中国梦的旗帜下，改进民众自发的聚合生态，改进民众自觉形成的思想聚合生态，引导群众自觉把劲往实现中国梦的地方使，不断形成全面深化改革、推动国家治理现代化、实现中国梦的群众力量聚合生态。培育社会主义核心价值观，就是要使科学的理论、思想有效地以润物细无声的方式为群众所接受，为全面建成小康社会提供精神指引、价值导航。

（三）引领功能

社会主义核心价值观的另一重要功能则是引领功能，是当代中国亟待引领多样性社会思潮的需要。一个社会的良性运作，既要有多样性的社会思潮，又要有序运作，从而营造一个宽松、和谐、有序的价值观共同发展的局面。

中国与世界的关系比过去任何一个时候都紧密，世界需要了解中国比任何一个时候都迫切，中国参与世界发展的愿望比任何一个时代都强烈。世界在转变观念看中国，中国人也在转变观念看世界，在这个相互转变的关键时期，提出社会主义核心价值观恰逢其时，是中国走向世界的时代需求，也是世界了解中国的时代需要。在全球化时代，中国走向世界不仅依靠“中国制造”“中国创造”，更依靠中国的价值观，其核心在于社会主义核心价值观。因此，培育社会主义核心价值观，是积极推动中国价值观走向国际舞台的重要一步，也是积极参与人类文明进程的重要实践，是在人类的价值世界中贡献中国的智慧。这是时代赋予中国人的使命，也是时代对中国人的召唤，只有不断培育和践行社会主义核心价值观，才能让这个世界的价值观更加丰富多彩，才能让中国特色社会主义事业走向前进、走向世界。

第二节　新时代大学生社会主义核心价值观培育的意义

一、有助于促进大学生的全面发展

价值观规定着人的生存方式、生活方式、行为方式、思维方式和自我价值的实现方式等，对人们如何看待自我、如何理解生活、如何处理人我关系都有重要影响。大学生是一个具有较高文化素养的青年群体，他们肩负着民族复兴的重大责任，是国家建设和社会发展的生力军，大学生价值观的取向不仅关系到和谐社会的构建，而且会在很大程度上决定国家未来的发展高度，当前高校的重要任务之一就是要培养大学生树立社会主义核心价值观。

大学生是一个可塑造性较强的特别群体，他们正值人生发展的关键时期。这个时期不仅是逐渐走向独立、成熟的时期，而且是价值观发展成型的最重要时期。这个时期的大学生需要正确的价值观进行引导。社会主义核心价值观之于大学生犹如灯塔，它可以为大学生身心健康的成长保驾护航，并坦然迎接人生的许多重大挑战。比如，现在的大学生心情抑郁与心情焦虑者较之以往不断增多，其中有部分原因是部分大学生的价值观发生了偏差，其突出的表现就是缺乏执着的信仰与理想的追求，缺少高贵的精神意境和独立的人格品质，致使大学生在面临一些问题时往往显得无所适从，立场不坚定。面对这种情况，增强对大学生的社会主义核心价值观教育，确保大学生养成正确的价值观，对于大学生的健康成长就显得非常必要和重要。

二、有助于构建和谐校园，提升校园文化品位

和谐、与时俱进的校园文化对大学生“三观”的养成、品质的历练、个性的打磨将产生积极的陶冶、鞭策和引导作用。从当前的情况看，高校校园文化的主流是积极的、健康的、充满正能量的，也是多姿多彩的，但也掺杂着少许不和谐的、不先进的因素。比如每年居高不下的高校学生自杀率，大学生过度沉迷于网络所导致的厌学、弃学现象，等等。若是任由这些因素存在，不加以剔除，忽视对大学生的思想行为引导，那么大学生的政治信仰和价值信念就会偏离正确的方向，为腐朽没落思想的滋生埋下伏笔，长此以往，则会影响大学生自身的成长、成才，也会影响建设和谐校园文化目标的实现。用最新理论成果对大学生进行社会主义核心价值观教育并指导高校校园文化建设，可以保证高校校园文化一如既往地坚持社会主义先进文化的前进方向，永葆高校校园文化的特殊魅力，提升大学生对非主流校园文化的甄别力。

利用社会主义核心价值观来提升校园文化品质的方式是有很多形式的。比如，可以将社会主义核心价值观培养和传统节日的开展相融合，扩展大学生的爱国情怀，增强责任意识，树立集体主义精神，在具体行动中，将社会主义核心价值观融入大学生社团管理中去，定期开展与社会主义核心价值观理念一致的艺术节、文化节、体育节等各种文体活动，在寓教于乐中感染教育大学生，保证大学生“全天候”接受社会主义核心价值观的熏陶，此外，大学校报、广播等媒介可以抓住对社会主义核心价值观的宣传这个契机，充分发挥自己的优势，对大学生进行教化，通过广泛刊载具有深挚主流价值观念和浓厚爱国情操的人物事迹和典型案例，来弘扬校园主旋律，营建社会主义核心价值观的培育气氛，着力在高校校园中形成一种关心国家未来、思考人生价值、关注社会和生活的浓厚校风、校气。以此来提升校园文化品位，借机打造一个和谐、融洽、与时俱进、繁荣的校园文化环境，激励大学生健康、成长、成才。

三、有助于培养中国特色社会主义建设者

当今社会的剧烈发展，对人才素质的需求越来越高，综合型人力资源已成为社会发展的“香饽饽”，社会主义核心价值观教育就是运用马克思主义理论来武装大学生头脑，培育社会主义建设者。大学生被视作加快社会主义现代化建设的主要力量，是中国特色社会

主义的最重要战略资源，是中华民族的希望和将来，中国梦的构筑离不开大学生群体的努力奋斗，唯有青年一代精神焕发，有理想有斗志，整个民族才能日渐兴盛，民族复兴梦才有源源不断的智力支持。所以，一定要强化对大学生的社会主义核心价值观培养，让他们成为传播和实践社会主义核心价值观的“桥头堡”和“先遣兵”，铸就出在政治信念、理想信仰、道德素养上都合格的社会主义建设者和接班人，保证社会主义事业的兴旺发达。

大学生是践行社会主义核心价值观的主力军。社会主义核心价值观具有理想性，是引领青年未来的标尺。在西方文化大行其道的今天，24 字社会主义核心价值观的提出可以保证社会主义主流文化在西方文化大行其道的当今永不褪色，保证大学生“三观”的统一性和同一性。当今大学生作为实现中华民族伟大复兴的骨干与坚实力量，尤其是在科技、文化、管理等各个层面将发挥重要作用，他们是实现中国梦的生力军，是完成党和国家“两个一百年”奋斗目标的坚实保障，大学生理想信念坚定与否，在很大程度上关系到党和国家的伟业能否顺利完成，所以在大学生中开展社会主义核心价值观教育的必要性就不言而喻。唯有努力强化社会主义核心价值观的培养和引导，才能帮助大学生树立正确的理想信仰，提升甄别是非的本领，从而养成自觉抵御腐朽思想渗透和侵蚀的日常生活习惯，使大学生坚定实现中华民族伟大复兴的理想信念。

四、有助于加强和改进大学生思想政治教育

与当代大学生的实际情况相结合，增强教育的导向性、层次性、针对性、实效性，才能实现思想政治教育的可持续发展，由此可以得出，唯有把社会主义核心价值观融进思想政治教育中，才能保证思想政治教育的新鲜感。

探讨当今大学生社会主义核心价值观的培育问题是解决当前大学生思想政治教育空洞匮乏的必要手段。针对当前高校存在的社会主义核心价值观培育中诸如培养主体素质参差不齐、教育内容呆板陈旧、教育方式死板生硬、教育效果欠佳等问题，要深入研究社会主义核心价值观培育的新内容、新方式和新途径，从而不断提升教育者的素养，努力实现思想政治教育由“精深理论”向详细案例转化，转变“一刀切”式的满堂灌教育，从枯燥无味向详细生动转变，让社会主义核心价值观教育真正发挥作用。

创新大学生思想政治教育内容，促进大学生思想政治教育培养方式的不断创新是稳固高校思想政治教育成果的有力之器。唯有不断打造全新的社会主义核心价值观教育方式，更新教育理念，革新教育技术手段，才能始终保证大学生对社会主义核心价值观的认同，塑造大学生科学的价值观念，保证大学生对思想政治教育始终保持学习兴趣，为思想政治教育的可持续发展奠定群体基础。

第三节 新时代大学生社会主义核心价值观培育策略

社会主义核心价值观是社会主义核心价值体系的高度提炼和集中表达，积极培育和践行社会主义核心价值观具有重要现实意义和深远历史意义。而当代大学生作为社会主义事业的接班人和祖国未来建设的生力军，价值观正处于形成、发展和定格的黄金时期，因而加强对新时代大学生社会主义核心价值观培育研究尤为重要。本节从主渠道、关键环节、新纽带和创新策略等新视角、新层面，对大学生社会主义核心价值观的培育路径进行系统与深入的分析和探究。

一、以“思政课堂”为主渠道

习近平总书记在全国高校思想政治工作会议上明确指出，高校思想政治工作关系高校培养什么样的人、如何培养人以及为谁培养人这个根本问题。同时，习近平总书记在北大师生座谈会上强调要对青年讲社会主义核心价值观这个问题的原因是青年的价值取向决定了未来整个社会的价值取向，而青年又处在价值观形成和确立的时期。因此，做好高校大学生思想政治工作，首先要用足、用好“思政课堂”教学这个主渠道。

十九大召开以后，相关思政课教材对此进行了修订，增添了十九大的创新理论成果，其中包括对社会主义核心价值观基本范畴的阐述，及时地将党的重要思想，国家的路线、方针引进教材，实现了教材的更新换代。思政课堂上教师通过口头语言向学生传授，这是理论普及教育的一种基本教学方法，例如讲述法、讲解法和讲演法，讲述法是教师用口头语言直接向学生描绘事例、论证事理的一种传授知识的基本方法，讲解法是指对概念、原理、原则、公式、要领、观点等进行解释或论证的一种讲授方法，讲演法包括讲授和通过展示各种直观教具、实物或进行示范实验，这些都是使学生获得有关概念或原理的重要途径。“思政课堂”承担着理论灌输的主渠道角色，高校要始终把“思政课堂”作为培育社会主义核心价值观的主要渠道和主要阵地，加强课程建设水平，加大教学改革力度。

规范教材体系、加强教师队伍和组织制度建设，以及教师如何遵循高校大学生的身心特点和成长规律给出有针对性的指导，成为当前高校思政课教师面临的重要课题和任务。

第一，要创新课程内容和教学方法，进一步规范教材体系，协助和督促负责思政课的教师根据思想政治理论课各门课程的教学内容和特点，将社会主义核心价值观的内容加入到教材建设中，更好地适应当代大学生的成长特点和教育发展需求，同时营造一种以人为本的师生平等互动交流、全员参与式的良好课堂氛围，坚持从每一堂课开始，以社会主义核心价值观为指导整合教育资源，从不同的角度紧扣时代主题，抓住时代脉搏，把社会主义核心价值观教育与大学生关注的社会热点问题结合起来，混合搭配使用重点启发式、小组讨论式、实验参与式的教学方法，引导大学生在课堂上主动思考，积极参与到与老师的交流中去，在师生互动中增进互信和经验分享，提升社会主义核心价值观教育的影响力，增强高校大学生社会主义核心价值观培育的实效性。

第二，加强教师队伍建设，设立更多的专职思想政治工作者，相关老师需要制定相应的课程规划和工作流程，积极参加相关培训，努力提高自己的专业化水平，进而提升思政课的质量和感染力；加强组织制度建设，建立健全多维度的组织和管理体系，高校通过建立季度、年度考评体系和督导机构，实行反馈机制和奖惩制度，及时把大学生的思想和意见反馈至教育工作者并总结工作经验和方法，更好地为其提供基本的制度保障和平台保障，确保高校大学生社会主义核心价值观培养和实现工作更加系统。

第三，思政课教师应当遵循高校大学生的身心特点和成长规律给出有针对性的指导。当代大学生具有思想活跃、想法奇特、乐于展示自我个性并强烈希望获得他人认可的特点，一部分大学生急于表现自我，但心理却不成熟，理想信念、价值观和道德观等都出现了不同程度的困惑和矛盾，其思维容易走向极端，只看到事物的外在表象，无法实事求是地解决问题，因此思政课教师要用更容易被大学生接受的语言和方式来表达关心。可以安排相关心理专业老师对学生进行心理解压和合理的指导，了解大学生的思想困惑、价值迷茫以及生活中遇到的实际问题和困难，将大学生各种问题和隐患扼杀在萌芽状态并得到及时的纠正，使大学生深刻体会到社会主义核心价值观的人生导向、指引作用。高校大学生社会主义核心价值观培育不但要注重课堂上思政理论知识的深度，使大学生对社会主义核心价值观的理论认知不仅仅停留在肤浅的、表面的认知上，还要提升大学生的理论认知水平和能力，做到真懂、真会，同时要立足于中国的基本国情，深入挖掘马克思主义中国化的理论资源，用发展着的马克思主义教育青年学生，坚定马克思主义和中国特色社会主义的理想信念，坚持马克思主义在意识形态领域的主导地位，使学生充分认识到中国化的马克思主义是指导中国发展的正确的、科学的理论体系，促进大学生科学世界观、人生观、价值观的形成。

二、以“社会实践互动教育”为关键环节

大学生对社会主义核心价值观的掌握是一个循序渐进、逐步深入的过程，是从了解理论到情感认同、潜移默化再到日常生活习惯中实践的完整过程。做好高校思想政治工作，加快高校大学生社会主义核心价值观传播，不仅要指导当代高校大学生通过“思政课堂”学习社会主义核心价值观的基本内容和科学内涵，更重要的是用社会主义核心价值观指导大学生的社会实践，形成坚定、持久的价值判断与取向，实现意识形态和社会实践的统一

联系。

高校大学生社会主义核心价值观在当代高校中的培育，一方面要让大学生从思想上和内心上接受社会主义核心价值观，另一方面大学生在日常行为中要用社会主义核心价值观科学地引导自己。社会实践是高校大学生社会主义核心价值观培育的关键环节，而思想与行为的不一致甚至相悖是当代大学生在核心价值观培育中主要的道德困境，要促使大学生达成理论认可和行为养成步调一致的教育终极目标。

首先，要在思想和工作上加强重视，由学校党委统一负责，其他各级主管工作部门齐心协力，同抓共管，在经费和政策上给予一定的支持。大学生思想活跃，想法新奇，人人都是“新闻发布者、传递者”，高校应选择适当的时机帮助大学生学会积极正面地发声，同时将大学生的实践教育放在重要的地位加以建设，保障大学生实践养成教育顺利开展。

其次，目前高校思想政治理论课教学低效的主要原因在于只注重课堂上单纯的理论灌输，没有广泛开展各类社会实践活动，脱离实际，脱离生活，忽视了对大学生实践养成教育，因此应当加强实践教学，打造贴近实际、贴近生活、能开发大学生潜能以及提高大学生综合素质的课程。

再次，学校可以通过组织各类有特色的学生社团、社区并加强对其建设，不断提升社团社区活动的品位、高度和感染力，增强对有创意、互动性强的大学生文化活动的支持力度，如推出“最美宿舍”“原创微电影大赛”等活动，让大学校园逐步成为开心学习、文明生活的成长家园。

另外，学校应为大学生群体设计策划一系列有特色的实践教育活动，如积极组织学生深入红色文化革命根据地学习，开展社会调查、公益活动等，在实践中了解社会；积极利用重大节日、民族传统节日等重要时间节点，策划系列主题教育活动；举办“读书引领人生，创作点亮梦想”“我说社会主义核心价值观”等演讲比赛，以此促进大学生积极思考，增强社会责任感，激发与国家共奋进的使命感。

最后，加强大学生精英团队培养，针对学生会成员、班干部以及党员开展专业培训，针对新生、毕业生、本科生、硕士博士不同群体进行分众传播，深入开展“青年马克思主义者培养计划”，激励大学生参加社会实践和各类志愿者服务，为高校大学生社会主义核心价值观培育铺设新的路径。

三、以“家训文化”培育为新纽带

“家训文化”是中国优秀传统文化的重要组成部分，家庭是社会的细胞，家训形成家风，家风营造社会风气。“家训文化”对新时代的社会稳定和人民形成向上向善的精神思想产生了重要而深远的影响。高校除通过思政课及社会实践向学生传授社会主义核心价值观的途径以外，应把家训文化也纳入到大学生思想政治的教育工作中，高校德育工作者应当通过精心策划和认真筹备，不断创造老师和家长沟通交流的平台，搭建起课堂教学、社会实践、家训文化多位一体的大学生社会主义核心价值观实践教育平台。

高校大学生社会主义核心价值观的培育不是从概念到概念空洞冰冷的说教，而是应贴近大学生，努力挖掘家风背后的小故事，生动活泼带有温度，运用讲好故事的方式让大学生感知和领悟，才能真正接地气、见效果，达到以传统家训文化为新纽带培育大学生社会主义核心价值观的目的。例如，在高考招生的录取通知书投递环节，高校招生部门可以将学校的期望、学生应该遵守的大学生道德规范和家长如何引领孩子成长等内容以“致家长和学生的一封信”的形式通过大学生传达给家长，指导大学生家长在家庭日常生活中通过自身的言谈举止给孩子潜移默化的影响，积极培养孩子在生活中尊老爱幼，帮助弱势群体，同情不幸的人，并自觉主动地担负起家庭的责任，养成良好的行为习惯和道德品行；在开学迎接新生环节，辅导员老师可以组织召开家长座谈会，结合校规校纪、专业特色和未来就业等让家长认识到孩子来到大学不仅要学习知识，还要学习如何为人处事，将“思政课堂”教育和家庭家训文化教育更好地融合，相辅相成，培养有集体荣誉感、有道德有理想的社会主义的建设者和接班人，以此对大学生思想进行全面的指导与管理。传统家训文化着眼于“德行”，新时代高校的根本宗旨是“立德树人”，社会主义核心价值观的内在含义也是一个“德”字，这三者之间相辅相成、高度契合。

四、以“互联网+”为创新策略

“互联网+”是传统课堂教育转型和升级的一种手段，是互联网与传统模式的深度融合，是一种新业态的教育模式，它使得培育大学生社会主义核心价值观的工作更具时代感和挑战力。新时代背景下，高校大学生是一个数量庞大的网民群体，以微信、微博、手机App、新闻客户端等微媒体为主的大型互联网传播平台，作为大学生思想表达、人际交往的重要平台和主要途径，为他们提供了一个展示自我个性的舞台。以微信为例，对于当代大部分高校大学生来说，自己学校设立的微信公众号是他们的关注重点之一，大学生会时常查看学校公众号的推送消息并阅读相关内容，高校可以通过“校园官方微信公众号”开设社会主义核心价值观教育专栏，推送国情社情，借助图片、视频、音频等形式大力宣传马列主义、毛泽东思想、邓小平理论、“三个代表”重要思想、科学发展观和习近平新时代中国特色社会主义思想等一系列重大理论成果，注重弘扬中华民族优秀的民族精神和时代精神，培养社会主义荣辱观，还可以通过宣传典型事例对大学生进行正能量的引导，例如业内科技类精英、校园里普通同学的励志故事等，发挥感人事迹和先进榜样的示范鼓励作用，建设集知识性、思想性和艺术性于一体的“大学声音”，讲好“大学故事”。

微信公众号具有极强的互动性功能，教育工作者要自觉学习和提高自己的信息编纂能力，借助微信公众号的大学生粉丝效应，运用大学生喜闻乐见的方式，积极策划相关内容发布，继而推动线下有序执行，老师、同学之间可以在微信朋友圈分享观点，经验共享，建立一种双向的、互动的传播形式，打造教育工作者教育“微阵地”，建设多层次校园微平台；还可以定期在微信公众号进行有奖征集建议、调查问卷，增加与大学生分享和交流的机会，及时深入掌握学生的思想动态，倾听大学生最真实的心声和困惑，促进老师与学生的关系和谐发展，提高社会主义核心价值观培育的感染力。与此同时，微信的开放性和信息监管的难度大，各种言论肆意传播，网络语言的随意性，尤其是一些不良用户在微信朋友圈发布一些庸俗、低俗、恶俗的信息。因此，高校教育工作者要重视校园互联网的舆论引导作用，强化占领意识。互联网是信息传播、理论宣传的重要方法和渠道，同其他思想文化阵地一样，如果我们不用社会主义先进文化去占领，势必会给腐朽反动的文化思潮提供可乘之机，我们必须树立强烈的占领意识，用社会主义核心价值观引领校园互联网文化，占领网络的制高点，把握正确的舆论导向，形成积极、健康向上的网络传播平台，防止不良或违法信息通过微信流入大学生群体中，还要查清不良违法信息的来源和传播渠道，坚决杜绝二次传播。

“互联网+”深刻改变着教育的面貌，推动高校大学生社会主义核心价值观的培育向数字化、网络化、智能化方向发展，我们应运用“互联网+”创新高校教育教学手段，形成具有时代特色的大学生社会主义核心价值观培育路径。

第三章　新时代大学生思想政治教育的内容与方法分析

第一节　新时代大学生思想政治教育的内容分析

一、新时代大学生的爱国主义教育

（一）新时代加强高校爱国主义教育的必要性分析

我国正处在社会主义初级阶段的新时代，爱国主义教育作为高校思想政治教育永恒的主题依旧是十分必要的。

1. 爱国主义教育的必然要求：促进大学生成长成才

第一，高校大学生正处在世界观、人生观、价值观都趋于成熟但是尚未成熟的阶段，尽管爱国主义教育从小学就开始了，但是并没有形成完善的理论体系，对何为爱国、为何爱国、如何爱国这些问题的认识仍有些模糊。进入大学后，学生们接触的社会生活开始变多，个人与社会联系得越发紧密，社会中的不良风气也在不断地对他们产生影响。此时加强对大学生的爱国主义教育，能够帮助他们抵御不良社会风气，了解祖国的历史和文化，时刻维护祖国的利益和领土完整，关注祖国的建设并想要参与其中。所以，在大学生世界观、人生观、价值观形成的重要时期，加强爱国主义教育，有助于他们形成正确的三观，帮助他们在毕业之后更好地融入社会，为祖国繁荣昌盛不断奋斗，成为国之栋梁。

第二，爱国主义是一个历史范畴。在新时代，爱国主义就是爱国、爱党与爱社会主义的统一。加强大学生爱国主义教育，可以使他们充分理解新时代爱国主义的内涵，让“没有共产党就没有新中国”“只有社会主义才能救中国”的观念深入他们的内心，让他们自发地学习了解中国发展的历程，发自内心地认可中国共产党建设中国特色社会主义的领导地位和做出的巨大贡献，从而更加拥护中国共产党，热爱祖国，热爱社会主义，成长成才，为中国特色社会主义事业做出贡献。

第三，中国特色社会主义进入了新的时代，是发展的重要历史阶段。习近平总书记曾提出："要坚持'四个自信'，即'中国特色社会主义道路自信、理论自信、制度自信、文化自信'。"加强大学生爱国主义教育，可以在学生中传递正能量，激发学生的民族自信心和自豪感，增强他们对中国特色社会主义的"四个自信"，积极主动地投身中国特色社会主义建设之中，为实现中华民族伟大复兴中国梦而不断进取。新时代有新形势，在新时代加强大学生爱国主义教育是培养大学生成长成才的必由之路。

2. 爱国主义教育的内在要求：实现中华民族伟大复兴中国梦

爱国主义的主题是历史性的，在不同的时代，根据不同的时代特征，爱国主义有着不同的主题。习近平总书记指出："实现中华民族伟大复兴的中国梦，是当代中国爱国主义的鲜明主题。"因此，在新时代，爱国主义的主题就是要实现中华民族伟大复兴的中国梦。中国梦是全体中国人民共同奋斗的目标，是所有中华儿女的共同利益。国家和民族的命运也关系到个人的命运，中国梦是国家梦、民族梦，同时也是每一个中国人的梦。

想要实现国家富强、民族振兴、人民幸福的中国梦，需要所有人的共同努力，甚至需要几代人的共同奋斗，而爱国主义精神就是"凝心聚力的兴国之魂、强国之魄"，是实现"中国梦"的动力源泉。高校大学生意味着未来，想要大学生承担起时代的重任，必须以爱国主义精神引导他们正确处理中国梦与个人梦的关系。"功崇惟志，业广惟勤"，当代大学生必须充分了解到如果想要实现中华民族伟大复兴的中国梦，是离不开每个人的辛勤劳动与努力奋斗的。高校大学生刻苦钻研，努力学好科学文化知识，掌握最前沿的科学技术和知识技能，发扬敬业精神，脚踏实地，埋头苦干，才能实现个人价值，实现"个人梦"，从而为实现"中国梦"添砖加瓦。

3. 爱国主义教育的现实要求：继承和弘扬优秀民族精神

习近平总书记在2015年12月30日举行的十八届中央政治局第二十九次集体学习时指出："爱国主义是中华民族精神的核心。爱国主义精神深深植根于中华民族心中，是中华民族的精神基因，维系着华夏大地上各个民族的团结统一，激励着一代又一代中华儿女为祖国发展繁荣而不懈奋斗。"中华民族历经磨难，传承五千年，至今仍屹立在世界民族之林。千百年来的奋斗，中华民族的先贤们除了留下辉煌的历史和成就以外，还给子孙后代留下了宝贵的精神财富，那就是支撑着中华儿女不断前行、锐意进取的以爱国主义为核心的民族精神。在这中国特色社会主义的新时代，中华民族想要奋勇争先，不被时代淘汰，必须继承和弘扬以爱国主义为核心的优秀民族精神，这是历史的必然要求。

改革开放以来，我国综合国力不断提升，人民生活水平明显改善，国家地位显著提高。以史为鉴，可以知兴替。加强高校大学生的爱国主义教育，可以让他们充分了解中国辉煌的历史，感受中国历史的魅力，增强其对中国的历史、文化、传统的认同感和归属感，这也是大学生自身生存和发展的根本。并且通过这种方式可以让传统文化价值观念深刻在高校大学生的头脑之中，使其不断学习、理解、记忆，并最终产生对传统文化由衷的热爱，不断增强民族自信心和自豪感，增强对国家的荣誉感。同时让高校大学生不忘近代的屈辱史，牢记落后就要挨打的残酷现实，为中华民族之崛起而奋发向上，自强不息，不断奋斗，勇于登攀，增强做中国人的骨气和底气，不断增强对中国特色社会主义的认同感，进而对中国未来的发展充满信心，更好地继承和弘扬优秀民族精神。

（二）爱国主义的培育与践行途径

现如今，伴随着世界经济趋为一体化，网络信息快速发展，爱国主义教育也受到了前所未有的挑战。西方发达国家的文化价值观极大地冲击着我国的爱国主义，我们必须与时俱进，积极探索出一套爱国主义的培育和践行方法，使它在理论性、针对性、现代性、创新性等方面有所突破，也使它既符合时代特征，又适应我国基本国情，从而为中华民族的伟大复兴，为中国和谐社会的建构发挥更大的作用。

1. 基于学校途径

（1）强化课堂主渠道的作用。课堂是学生获取知识和信息的主要场所，也是学校进行爱国主义教育的主渠道。学校可通过相关课程教育，帮助学生认识和理解爱国主义，让他们认识到“在当代中国，爱国主义与和谐社会在本质上是统一的”，并培养当代学生们对伟大祖国的无比热爱之情，激发他们对国家、民族和社会的强烈责任感、自豪感与历史使命感，自觉抵制危害国家利益的行为，为中华民族的伟大复兴和繁荣昌盛奉献自己的力量。

同时，课堂教育应帮助学生们明确他们本该拥有的权利和应承担的责任，让他们意识到国家与每个人息息相关，引导他们自觉地把个人的成长、成才与国家的现状、发展联系在一起，进而树立正确的人生观、价值观、道德观。

（2）营造爱国主义教育氛围。

第一，学生校园文化活动丰富多彩，是进行爱国主义教育的重要手段。校园文化，象征着校园精神。积极向上的校园文化建设，可以在校园内形成浓厚的爱国主义氛围，学生置身其中，耳濡目染，长此以往会潜移默化地受到很好的教育。

第二，学校要善于运用各种媒体，营造爱国主义氛围，对学生进行间接的爱国主义教育。学校要合理运用好报刊、广播、电视、橱窗、板报、互联网等各种传播手段，开辟爱国主义教育专栏，大力宣传中华民族的光荣传统和奋斗历史，利用历史和现实中的爱国英雄人物和先进事迹对学生进行爱国主义教育，形成爱国主义教育的浓郁氛围，引起学生强烈的共鸣感。

第三，学校要加强爱国主义礼仪制度建设。爱国主义礼仪制度是激发学生的爱国情怀、弘扬爱国主义精神的重要手段。学校应坚持在每周一、开学、毕业典礼及有重大活动时，举行全校学生升国旗、唱国歌活动，帮助同学们树立爱国主义意识。

第四，学校要通过开展各种各样的爱国主义教育活动，比如讲座、主题班会、党团组织活动、红歌比赛、演讲赛、辩论赛来增强学生的爱国主义信念。

第五，学校要经常组织学生参观爱国主义教育基地，使学生亲临其境地受到爱国主义教育，如结合重要的节日、纪念日，组织学生参观、瞻仰活动，并让学生写下感想；结合一定的教育主题，组织学生走出校园进行社会考察和社会实践，并在此基础上开展征文比赛、主题演讲会、专题讲座、知识竞赛等教育活动。通过活动，来激发学生们的爱国热忱，树立自己对于国家和民族的责任感。

（3）在社会实践中升华爱国主义情感。爱国主义不是空洞冗长的说教，而是学生们知、情、意、行的统一体。为了培养学生的爱国热情，必须让学生进行爱国主义实践，比如，学校可以多开展一些青年志愿者活动、社会实践调查活动、科技创新竞赛以及智力支农支边活动等，丰富学生的知识和社会阅历。这不仅可以增强学生的社会使命感和责任感，更会帮助他们把报国之志转化为投身爱国主义的实际行动中。

2. 基于社会途径

（1）大众传媒教育。报刊、广播、电视、橱窗、板报、互联网是宣传爱国主义教育的很好途径，为开办各种爱国主义教育活动提供了有力的支持，因为它们是舆论氛围的制造者，是党的各项路线方针的传播者，是先进文化的辐射者。如今，人们生活在媒体的世界里，足不出户就可以了解时事政治，任何耳朵听的、眼见的、感受到的大众传媒力量都会对人们的爱国主义产生不可忽视的作用。所以，一定要合理利用大众传媒的优点，对广大公民进行理论传播和事实引导，从而进行爱国主义教育。

（2）特殊时机教育。要抓住各种特殊时机，比如纪念九一八、纪念抗战胜利等，这些特殊时机教育事件感染性强、代表性强、说服力强，能有效地指导人们的爱国行为，对于爱国主义教育有着非常明显而深刻的作用。

（3）生活环境教育。爱国主义教育必须坚持生活化的原则和方法。环境对于爱国主义教育有着非常重要的作用，要高度重视环境对人们爱国主义精神教育的影响，让人们真切地感受到爱国主义教育的熏陶，从而潜移默化地受到影响。

另外，也要积极发挥各大传播媒体和影视戏剧作品等对人们生活环境的作用。由于报刊、电视、广播、互联网等各大传播媒体和影视戏剧作品，具有很强的渗透力和影响力，是进行培育和践行爱国主义教育的有效方法。各大传播媒体要把教育的内容融于人们的生活中，让人们在娱乐放松的同时，也获得思想上和道德上的感化。比如，有很多爱国公益广告，“你的一言一行，都代表着中国形象，谦和有礼，遵守规则，让世界见证华夏礼仪之邦”“用善意传递给世界温暖，让世界感受什么是中国温度”，这些都可以强化人们的爱国意识，培养民族认同感。

二、新时代大学生的理想信念教育

习近平总书记反复强调，理想指引人生方向，信念决定事业成败，广大青年一定要坚定理想信念，没有理想信念，就会导致精神上缺“钙”。习近平总书记多次指出，青年一代有理想、有担当，国家就有前途，民族就有希望。这些重要论述充分揭示了理想信念对于大学生成长成才的极端重要性。

（一）对大学生开展理想信念教育的必要性分析

当前，一些大学生不同程度地存在政治信仰迷茫、理想信念模糊、价值取向扭曲等问题，加强大学生中国特色社会主义共同理想教育，是解决这些问题的有效途径。大学生肩负着建设国家和民族的重任，要想把他们培养成中国特色社会主义事业的合格建设者和可靠接班人，引导他们确立共同理想和坚定信念尤为必要和紧迫。

1. 时代进步的现实要求

中国特色社会主义是中国未来发展的前进方向，它决定了在社会主义现代化和全面建成小康社会进程中“举什么旗、走什么路”的大问题。中国特色社会主义的建设要求必须坚定不移地坚持解放思想、改革开放、科学发展和社会和谐的道路不动摇，以为全面建成小康社会而奋斗。时代的召唤确定了大学生的使命和责任，需要大学生从现在开始，进一步树立中国特色社会主义的理想和信念。

2. 国家发展的迫切需要

改革开放四十年来，社会主义市场经济不断深入发展，我国经济发展的各部分日益多元化，这就不可避免地导致了社会意识多样化，因此，树立一个能够代表最广大人民根本利益、为社会各个阶层广泛认可和接受、能有效凝聚各个方面智慧和力量的共同理想就成为当下国家发展的迫切需求。一个人有了崇高的理想信念，就能排除万难，自强不息地执着奋斗；一个民族、一个国家有了共同理想，就能齐心协力，励精图治。因此，要实现国家的发展进步，就必须引导大学生树立有中国特色的社会主义共同理想，激励他们为国家发展贡献力量。

科学技术对于经济发展的重要意义。大学生是我国众多人口中有机会接受高等教育的少数成员，他们正是科学技术的掌握者和运用者。未来的几十年正值我国现代化建设承前启后的关键阶段，大学生正是这一阶段的建设者和创造者。因此，未来国家的发展战略能否实现，国家的经济能否持续增长，主要取决于大学生的思想政治素质能否引领他们将自己的聪明才智贡献给中国特色社会主义事业。而科学、崇高的理想正是指引人生前进方向和道路的明灯。青年时期是人生中最有热情追求理想的时期，大学生在这一阶段树立了中国特色社会主义共同理想，一般都可信守终生。这样，在社会主义共同理想的指引下，人生的每一阶段都为这样的理想所激励，在工作的每一岗位都为这样的理想而奋斗，个人理想实现的过程也就是国家富强民主文明和谐程度提升的过程。

3. 个人发展的迫切需要

人是一种群居动物，人的一切活动都是在社会的范围内进行的。个人成长的条件、发展的机会、肩负的责任都是同社会的发展紧密联系在一起的。个人的发展只有同国家和社会的整体发展目标相结合，才能获得更大的发展空间。中国特色社会主义道路是中华民族的历史选择，是国家和民族的未来走向，大学生作为中华民族的一分子，也必然受到这一旗帜的指引。因此，大学生只有把自己的个人理想同全体社会成员的共同理想相契合，才有可能实现自己的个人理想。在我国现阶段，坚持走中国特色社会主义道路，实现中华民族伟大复兴的中国梦是广大人民不懈追求的共同理想。大学生只有把个人发展与这一共同理想有机结合起来，才能找准自己的人生定位，实现自己的人生价值。

（二）大学生理想信念教育的方法与途径

合理的教育方法和有效的教育途径对于大学生的共同理想教育具有重要的意义，针对大学生的自身特点，必须坚持以下教育方法与途径：

1. 坚持用马克思主义中国化的最新成果武装头脑

在价值观念多样化的今天，教会大学生用马克思主义的立场、观点、方法认识国情、认识世界是引导大学生树立中国特色社会主义共同理想的基本前提。实现中华民族的伟大复兴的中国梦是全国人民共同的伟大事业，要使当代大学生自觉将这一共同理想作为自己的追求目标，就必须用马克思主义中国化的最新成果武装他们的头脑。有了这个科学思想武器，就能使当代大学生正确认识资本主义社会基本矛盾及其发展的历史趋势，认识社会主义事业的长期性、艰巨性、复杂性和社会主义制度的强大生命力。

2. 立足时代环境，开展大学生的理想信念教育

理想信念是人们对未来生活的一种目标定位和展望，是其奋斗的最终方向所在。以中国特色社会主义共同理想来引导大学生人生理想的构建，必须立足当前的时代环境、人们的思想状况以及现实需求等客观因素，通过多种途径来促成这一目标的达成。

（1）大学生的理想信念教育要立足于现实的物质基础。在社会主义市场经济体制得以确立并不断深化发展的新时期，在以经济建设为中心的时代，人们追求正当的物质利益和

物质享受已成为众所公认。在这种社会环境下，谈大学生人生理想的构建，就必须做到以下两点：

第一，国家和高校应通过相应的制度建设，来保障大学生利益实现途径的通畅。大多数学生上大学的直接动力是毕业后可以找到好的工作，获得更好的个人发展，因此毕业后的顺利就业是大多数学生的理想。但是，在当前就业形势紧张的大环境下，由于教育产业化体制的缺陷所在，许多高校都把学生就业率同学校招生挂钩，这就造成了就业率数据失真，部分学生在毕业以后尚未找到工作的情况下就已“被就业”，这导致大学生对学校和我国的高等教育制度产生不满。对此，国家和高校应积极出台政策，并严格贯彻落实，以帮助学生解决就业问题。

第二，帮助学生树立正确的物质利益观。随着市场经济的深入发展，一些不良的价值观在社会上蔓延，这种不良风气对许多年轻的大学生而言是一种无法抵御的诱惑。因此，在对大学生进行理想信念教育的时候，应该鼓励学生通过积极努力和正当途径不断去创造社会财富。因此，在要求大学以中国特色社会主义理想引导大学生的人生理想时，必须为他们创造良好的社会环境，让良好的社会风气潜移默化地影响他们。

（2）大学生的理想信念教育要关注当前社会的思想状况。在思想领域，随着中国特色社会主义市场经济体制的确立和完善，“市场”“经济人”等概念早已深入人心。在这种时代下，如何协调和处理好国家、集体和个人之间的利益关系就成为一个重要话题。中国特色社会主义共同理想下，处理国家、集体和个人之间利益关系的正确做法是，在保证国家和集体利益的前提下，充分保障个人利益的实现，从而做到既有国家统一意志，又有人民心情舒畅的和谐局面。

此外，随着市场经济体制的确立以及中外文化交流的加深，西方社会思潮在中国开始得以传播。受此影响，当前中国人的思想观念更为务实，同时中国人的思想领域也呈现出多元思想共同发展的新局面。在这种背景下，开展大学生理想信念教育，一方面应对他们的个性特征、个人思想予以充分尊重，对他们表现出的务实精神应予以鼓励；另一方面，要用事实说话，要以理服人。

3. 把共同理想教育融入高校教育全过程

一方面，在思想政治教育中开展全方位的理想信念教育。理想信念是在人的社会生活的各项活动中逐渐树立的。因此，要把共同理想教育渗透到大学生思想政治教育的方方面面。思想政治教育者要让学生在了解现实的基础上探索历史，更要让学生在了解国内情况的同时放眼世界；要组织大学生积极参与社会实践，让他们在实践中感受中国特色社会主义理论的科学性和先进性，感受中国特色社会主义道路的无比正确性。

另一方面，将理想信念教育与其他学科教育相结合。首先，将理想信念教育与科学教育相结合。教育引导人民群众掌握科学方法，崇尚科学精神，捋清唯物论与唯心论、科学与迷信、文明与愚昧的区别，增强他们识别和抵制各种唯心主义、封建迷信及伪科学的能力，使人们的理想信念牢固地树立在科学的基础上。其次，将理想信念教育与形势政策教育、国情教育相结合。在大学教育中，要深入开展形势政策教育、国情教育、革命传统教育、改革开放教育、国防教育，组织大学生学习中国近现代史特别是党领导人民进行革命、建设、改革的历史，在历史教育的熏陶中坚定大学生对中国特色社会主义的信心和信念。

4. 引领大学生加深“四个正确认识”

众所周知，世界和事物是极其复杂的，而个人的视野往往是有限的。当人们以自己有限的视角来理解极其复杂的世界和事物的时候，很显然极易出现认知上的错误和偏差。因此，要引导学生加深“四个正确认识”，具体如下：

第一，正确认识世界和中国发展大势。尽管人类社会的历史发展充满了曲折性，但总体的方向是前进和上升的。那些“社会主义过时论”“共产主义渺茫论”的提倡者，归根结底是抱有一种意识形态的偏见。只有引领学生客观地了解世界、了解国情，看清发展大势，把握历史规律，让他们学会敢于面对问题并勤于思辨，在这个过程抛弃错误的观点，树立正确的观点，才能最终坚定社会主义乃至共产主义的理想。

第二，正确认识中国特色和国际比较。在全球化和中国改革开放的大背景下，中国与世界时时处于互动之中，大学生总是习惯性地在二者之间进行比较。在这种比较过程中，如果失去正确的立场、观点和方法，往往会得出模糊甚至错误的结论。当代大学生许多思想上的问题便是因此而产生的。必须正视这些问题和回答这些问题，而不能回避这些问题，要引导学生在国际比较中正确认识中国特色和中国优势，教育引导他们强化民族自信。

第三，正确认识时代责任和历史使命。以实现国家富强、民族振兴、人民幸福为基本内涵的中国梦，顺应了当代中国发展的大势、全国各族人民创造美好未来的热切期盼以及世界发展进步的潮流，描绘了中华民族走向未来的宏伟图景，反映了全体中华儿女梦寐以求的共同心愿，展示了中国为人类文明做出更大贡献的意愿。当代大学生应当用中国梦激扬青春梦，为自己“点亮理想的灯、照亮前行的路”。当代大学生应当正确认识中国梦，正确认识时代赋予自己的责任与历史使命，在坚定自信、增强自觉与奋力自强中去谱写自己的美好人生。

第四，正确认识远大抱负和脚踏实地。大学生要早日立下人生大志，成就伟大事业。梦就在自己的前方，路就在自己的脚下。一个人从寻梦、追梦到筑梦、圆梦，是一个充满艰辛和汗水的过程，对此一定要有正确的认识。只有以一种自强不息的奋斗精神，脚踏实地将自己的远大抱负变成实际行动，才会成就自己的梦想。只有让勤奋学习与增长本领成为青春飞扬与搏击的动力，只有锤炼出一种坚强的意志和品格，只有培养出一种奋勇争先的积极进取精神，只有历练出一种不怕失败的过强心理素质，只有保持一种乐观向上的人生态度，才能勇敢面对梦想实现过程中的千辛万苦。

5. 树立榜样，帮助大学生树立人生理想

榜样就是社会生活中值得学习的人物和楷模。通过榜样的带头和示范作用，可以对广大学生产生带动作用，帮助他们树立起远大的人生理想。这里所说的榜样，一是党员和学生干部，二是时代楷模。

（1）党员和学生干部的带头作用。广大党员和学生干部是大学生中的领袖人物，他们的一言一行都会对普通学生产生潜移默化的影响。因此，要求大学生在中国特色社会主义共同理想的指导下构建起远大的人生理想，那么广大的党员和学生干部就有义务自觉发挥模范带头作用。其一，在思想上，党员和学生干部既要有远大的共产主义理想，坚定的马克思主义信仰，在现实生活中又要有奉献精神、服务意识；其二，在言行上，党员和学生干部要言行一致，要把伟大的信仰、高尚的觉悟落实到实际行动中。

（2）时代楷模的榜样作用。所谓时代楷模，是指在特定时期涌现出的对人们的思想和行为产生深远影响，并值得人们尊敬、学习的榜样人物。要培养大学生树立起远大的人生理想，除了抓好思想政治教育的课堂工作外，还要在生活中对他们的言谈举止和思想动态予以正确的引导和规范。要注意培养大学生学习时代楷模身上的爱岗敬业、情操高尚的珍贵品质，从身边的点滴小事做起，从自己的本职工作做起，在自己的领域和位置发光发热。不积跬步，无以至千里。伟大的人生理想，要通过一点一滴的实际行动来积累实现。

6. 积极转变思路，改进大学生理想信念教育方式

大学生思想政治教育工作是引导大学生树立中国特色社会主义共同理想、树立正确理想信念的主阵地。在新时代，为了实现以中国特色社会主义共同理想引导大学生人生理想构建的这一宏大目标，高校开展大学生理想信念教育工作应注意转变思路，转变理想信念教育方式方法，注重培养学生的独立性和自主性。

当前情况下，高校开展大学生理想信念教育要注意以下三点：

一是丰富教育内容。当前我国大学生理想信念教育更多的时候集中于意识形态、党和国家政策方针的解读等特殊领域，对学生的政治知识和政治技能的教育相对薄弱，这在一定程度上容易挫伤学生的政治热情。

二是转变教育的理念。在中华人民共和国成立后相当长时期内，“政治思维取代了法律思维，权力立场取代了权利立场，中央集权取代了自主发展”。这使得思想政治教育具有浓厚的政治色彩，对于大学生理想信念的教育非常不利。新形势下，思想政治教育的环

境发生了极大的变化，要想更好地对大学生进行理想信念驾驭，就必须充分重视人的主体性，避免单向度的灌输，而注重在坚持国家和学校主导的前提下实现教育主客体之间的双向互动。

三是注重实践教育。在传统的思想政治教育中，单调的理论传输和口号宣传是主要的教育方式，大学生的参与性不高，通常是课上听一听，课下就忘光光。这样的思想政治教育产生的效果极为有限。因此，大学生理想教育不应该停留于书本教育和口号宣传，要注重在政治生活中培育现代公民。在新时代，广大大学生应逐渐从臣民的精神世界中解放出来，积极主动参与政治生活，学会在政治参与过程中运用法律法规和政治知识维护自身的合法权益，实现自身的公民价值。此外，党和政府要努力为大学生政治参与创造宽松活泼的政治环境，使大学生有机会参与政治活动，敢于参与政治活动。唯有如此，广大学生的政治积极性才能通过理性的途径予以充分的表达，当他们意识到自己在国家政治生活中的作用以后，自然会对社会主义以及正在开展的社会主义建设事业充满热情，并乐于为之努力奋斗。

三、新时代大学生的个人修养教育

习近平总书记和北京大学师生座谈时曾说过："道德之于个人、之于社会，都具有基础性意义，做人做事第一位的是崇德修身。这就是我们的用人标准为什么是德才兼备、以德为先，因为德是首要、是方向，一个人只有明大德、守公德、严私德，其才方能用得其所。"

做事先做人，一个人为人处事，首先要修德。人而无德，行之不远。因此，在对大学生进行思想政治教育时，个人修养教育应作为其中的重点内容。

（一）新时代大学生的诚信教育

目前诚信危机是社会性的，诚信问题对社会发展危害加大。这种危机也步入校园，在大学生身上凸显出来，这与国家和社会对大学生的要求不符。大学生诚信危机的显露，给高校思想政治工作提出了许多诚信课题，研究和反思大学生诚信教育问题也就成为思想政治工作者的一项重要任务。大学生诚信教育的加强对策具体如下：

开展诚信教育，切实提高大学生诚信素质。在大学校园中，首先要加强诚信宣传，端正学生的观念认识。加强对学校中存在的不诚信现象的批判，树立良好道德模范，使学生向先进看齐。

对舞弊剽窃者既严厉批评，也要提供改过自新的机会，本着教育的目的与学生对话，避免其自尊心受到过分的伤害，走向极端。在学校里端正了学生的认识，才能使其步入社会之后，能够以更加高尚的品格为人处事，受到更多人的尊重，这样事业及人生路才能更加顺畅。在教育过程中要深入学生内心，将学生心中的疙瘩、疑惑解决掉，使学生从心中真正认识到问题的存在。此外，学校其他部门要通力合作，深化教育效果，做到全面育人。

通过网络思想政治教育，培养学生良好品质。网络信息纷繁复杂，对学生影响不容忽视，在加强学生网络教育时要着重加强学生诚信教育，使学生在畅游网络时，既不对他人造成不必要的影响，也不受网络虚假信息、网络诈骗等的影响。

建立健全诚信评价机制。诚信评价机制要有系统的方法和标准，如将大学生考试舞弊次数、逃课次数、信用卡违约次数等加入评价体系，运用这些标准来规范学生行为，使其在日常的学习和生活中潜移默化接受诚信道德观念的约束。

诚信问题不容小觑，尤其是在社会主义市场经济大潮中，这种品质是立身之本，遵守契约、遵纪守法是开展一切活动的根本，所以大学生要将诚信问题视为自身发展的重要问题，在长久的生活中，逐渐磨炼自身的这种品质。

（二）新时代大学生的感恩教育

所谓感恩，就是对别人所给的帮助表示感激。感恩教育，就是使学生养成感恩的意识和习惯，使其对他人、对社会、对自然常怀感激之心和致谢之情，并将学会感恩内化为个人个性品质的一部分。感恩教育是一种情感教育，又是一种道德教育，更是一种以人性唤起人性的人性教育。

恩情是维系人与人之间良好关系，连接国与国、地区与地区乃至支撑社会的一个纽带。所以，社会中的每一个人，都应该心存感激。

1. 感恩教育的具体内容

一是对父母养育之恩的感恩。母爱似海，父爱如山，父母的恩情深沉、厚重、广博。感恩父母的养育之恩、教育之恩在中外感恩文化中占有根本性地位，而我国传统文化更是重视“亲亲”的封建伦理，重视孝道。对父母养育之恩的感激是道德实践的基点，只有认识到父母的恩情并真切回报，才能发展到对他人、国家和社会等方面的感恩。

二是对学校和老师培育之恩的感恩。在社会主义初级阶段，尊师重教也是重要的道德规范和行为要求，它关系到一个国家建设发展，关系到个人的幸福生活。尤其是在知识经济时代下，教师的引导对一个人的成长、成才至关重要，由此，感恩教师应成为大学生感恩教育的重要内容。

三是对社会和他人帮助之恩的感恩。个体成长于社会之中，无时无刻不与他人发生联系，感恩教育的内容设置应该将此涵盖在内。大学生应感激每一个来自他人的善举，感谢他们在自己及他人遭遇困难时能够伸出援助之手，提供无私的帮助，正是由于这些善举的存在，社会才更加美好。当代大学生的生活与社会关系紧密，培养这种对社会和他人的感恩之心，才能具有良好的社会氛围。

四是对党和国家再造之恩的感恩。祖国给予了人们成长的条件和基础，国家的长足发展为个体的发展及价值的实现提供了良好的环境。党为人民谋幸福，为大家创造幸福和谐的生活条件。新时代的大学生，生活幸福美好，所以，应将党和国家的恩情牢记心间，树立报国之志，为祖国的繁荣富强贡献力量。

五是感谢自然环境赋予之恩。自然环境是人们赖以生存的空间，空气、水、居住条件等这些都是人们生存所必需的，人们的吃、穿、住、用、行等日常生活中的一切的基础都是自然环境，所以要感恩自然。由于当前人与自然的矛盾尖锐而突出，人类对自然的过度开发，造成生态破坏和环境恶化，感恩自然的最好方法就是合理利用资源，保持生态健康平衡发展，保护大自然。

2. 感恩教育的注意事项

第一，感恩教育要注意发挥教师的示范作用。身教会有更大的感染力和说服力，教师在教书育人过程中要注重发挥自身的示范作用。教师应加强自身素质修养，为学生树立做人的典范，尤其是在感恩方面，要负担起对父母、对社会、对国家和党、对自然的责任，并在教育教学过程中关爱每一个学生，特别是对那些学习有困难或有不良品行的学生，用真诚感动他们，激发他们的感恩之心。

第二，感恩教育是全员过程。感恩教育关系到亲情、社会、国家、自然等多个方面。所以，家庭、社会等都应承担起相应的责任，形成协调一致的教育网络。这样大学生才能处处感受温暖，心间时时充满感激。

第三，感恩教育应讲究方式方法。感恩教育不仅是一种认识活动，同时也是一种情感活动。它要求教师在教育过程中做到以理服人、以情感人、情理交融、感人心灵，让学生在不知不觉中受到教育，使其知、情、意、行在情理交融中实现自我更新、自我完善。

（三）新时代大学生的修身教育

1. 提高道德认识

所谓道德认识，主要是指人们对个人同社会和他人的关系，以及对一定社会或阶级用以调节这种关系的理论、原则和规范等的了解和掌握。从层次上看，道德认识可以划分为感性认识（如生活经验）和理性认识（如运用概念和道德判断等）；从内容上看，无论是感性认识还是理性认识，都是为了要掌握道德观念和范畴（如善、恶、义务、良心、正义等）以及根据一定的道德原则和规范，对社会现实道德关系和行为（包括本人行为）的道德价值进行评价。

道德认识是学生形成和发展自身品德的认识基础。道德认识能够帮助学生形成道德的义务感，增强学生对善恶的辨别能力，提升学生的良知感。道德认识的形成主要是指道德观念、道德信念及道德评价能力的形成。道德观念是一个人对是非的基本判断，是对什么该做、什么不该做、社会提倡什么和批判什么的基本认识。只有树立正确的观念，才能形成良好的道德认识。道德观念的培育不仅在于明确社会规范，深入领会道德行为准则的要求，更重要的是能够将这些规范、规则进行内化，形成自身的道德需要。

道德信念形成是在道德认识基础上产生的，是道德认识的深化，道德认识只是一瞬间或一时间的观念，还不稳定，只有道德认识转化为道德信念，才能够具有稳定性和行为推动性。道德信念是对某种人生观及行为原则的笃信，是道德情感与道德意志的统一，在道德品质中居于主导和核心的地位。

道德信念的形成是一个长期的过程，非朝夕之间所能完成。所以，在引导学生道德信念的过程中，要认清学生的内在道德坚持，剖析其处于内心深处的人生观、价值观，端正其道德认识，增强其道德情感，使其形成坚定的道德信念。一要加强学生对道德理论的学习，使其对自身道德品质形成发展规律形成清晰的认识，增强其道德践行的自觉意识。二要将理论积极付诸实践，将学生的道德理论知识在实际中得到应用，使道德认识及道德情感得到巩固与发展。

道德评价是对道德行为做出的肯定或否定的判断，道德评价能力的发展是道德认识形成的主要标志。道德评价在日常生活中经常发生，甚至于人无时无刻不在进行着是非分析、道德判断，不断修正着自己原有的道德认知，道德评价对自身行为具有调节作用，正确的道德评价能够促使自身道德行为的养成与巩固。

学生的品德发展是一个从不知到知、从不成熟到成熟的过程。一般地说，初中阶段是品德成熟前动荡不稳的时期，到了高中阶段特别是大学阶段基本趋于稳定。这样看来，提高学生的道德认识，初中阶段是关键。抓好这一关键期的道德认识教育，对学生良好道德品质的形成十分重要。

个体品德发展在大学阶段虽然趋于稳定、趋于成熟，但仍具有可塑性、可变性等特点，大学生思想道德观念仍较易受到外界因素的影响，学生中思想堕落、道德观念模糊的现象还时有存在，这些问题的存在说明大学生的道德观念还有待提高。因此，在教育过程中更要因材施教，提高学生的道德认识。要坚持正面教育和鼓励教育相结合，坚定学生向先进看齐的意志和信念。

2. 培育道德情感

道德情感，是基于道德认识而产生的人类特有的一种高级情感，这种情感是在对道德关系和道德行为进行认识和评价的基础上形成的爱好或憎恶的情感态度。

道德情感是形成道德行为的催化剂，道德认识对人的行为的推动作用是有限的，道德情感的推动作用是巨大的，情感是一种稳定的、高级的具有巨大能量的推动力量，这种力量能够促使学生履行其应有的道德义务。

学生道德情感的培养要注意三个方面：一是要创设良好的环境，包括班级环境、宿舍环境、校园环境等，良好的环境具有潜移默化的影响作用，能够激发学生相应的道德情感，如班级荣誉感等。二是在培养的方式上，要注重引发学生的感情共鸣。教师要以身作则，为人师表，以情动人，做学生的良师益友，在讲述和评价道德行为时，应带有明显的情感倾向性，尤其在奖惩、褒贬时，应该态度鲜明，以激起学生的共鸣。师生情感的共鸣，能在学生情感上产生一种直接感染力量。三是要激发学生对榜样的敬慕之情。要多宣传先进、弘扬典型，鼓励学生多接近优秀教职员工和优秀学生，引导学生去体验进行每一次道德活动所获得的愉悦和满足，以发展他们深厚的道德情感。

3. 锻炼道德意志

所谓道德意志是完成道德行为的坚持力，它是在道德认识和道德情感的支配下，克服困难和干扰，笃行道德规范的一种精神力量。在道德意志的支配下，人们的道德行为才能够坚持下去。

在践行道德的过程中，会有诸多顾虑，如是否会给自身带来麻烦，是否会引来他人的评论、亲友的埋怨等等，尤其是处在歪风邪气中，要经受住错误舆论的非难，要坚持正确的做法，遵守道德的约束是需要莫大的勇气的，所以，不论是和自己内心的顾虑做斗争，还是和环境抗争，都需要道德意志。这是一种顽强的力量，能够帮助一个人克服各种阻碍和制约。

正确引导学生的道德意志锻炼要做到：首先严格要求创造优秀班集体。因为一个优秀的班集体对学生道德意志的发展起着非常重要的作用。教育者要确定集体奋斗目标，组织和培养优秀班干部，并有计划地开展活动，制造正确的舆论，培养优良的班风，以形成一个坚强的扶正祛邪的班集体。同时，教育者在班集体活动中，要有意识地让学生在集体生活中磨炼自己的道德意志，如要求学生要严格遵守纪律、刻苦学习，勤勉上进，努力完成学习任务等等。其次培养学生的自我约束能力。教育者应针对学生的意志特点，培养他们的自我意识，使他们在行为上能自我认识、自我约束、自我克制，促进自制力和坚持力的发展。最后根据学生的个性差异，因材施教。培养学生的道德意志应有针对性，要针对学生意志上的特点和个性差异，采取不同的锻炼措施。

4. 培养道德行为

在对学生进行道德行为的培养中，一是要注重学生道德行为方式和技能的掌握，使其深入把握学生行为准则、深刻理解道德行为情境等。同时要注重学生道德智力水平的培育，使其对道德问题进行自主抉择。二是培养学生的道德行为习惯，通过提供榜样，或在生活实际中进行引导，批评、纠正其坏习惯，提高其与坏习惯做斗争的勇气和决心。

第二节　大学生思想政治教育的原则分析

2015 年 7 月 24 日，全国青联十二届全委会和全国学联二十六大在京举行。习近平总书记在向大会发来的贺信中提出："当代中国青年要在感悟时代、紧跟时代中珍惜韶华，自觉按照党和人民的要求锤炼自己、提高自己，做到志存高远、德才并重、情理兼修、勇于开拓，在火热的青春中放飞人生梦想，在拼搏的青春中成就事业华章。"从 2014 年 5 月 4 日在北京大学同师生代表座谈时提出"勤学、修德、明辨、笃实"的"八字真经"到"志存高远、德才并重、情理兼修、勇于开拓"的"十六字诀"，无不体现了习近平总书记对当代青年的热切期许。要引导当代大学生成为"志存高远、德才并重、情理兼修、勇于开拓"的人，就要从教育着手，以思想政治教育为重要抓手，在坚持自身原则的基础上不断创新方式方法，使得思想政治教育更有成效、大学生的思想道德品质显著提高。

当今世界，科技革命加速推进，知识经济迅猛发展，各种不同文化的交融与交锋日益深入，随之而来的是社会思潮的产生，对大学生的价值观念带来多方面的影响。大学生思想政治教育是一项非常复杂的系统工程，要保证教育的方向性和有效性，就必须遵循一定的原则。

一、坚持马克思主义指导原则

《列宁选集》中曾对马克思进行过如下评价："马克思的历史唯物主义是科学思想中的最大成果。过去在历史观和政治观方面占支配地位的那种混乱性和随意性，被一种极其完整严密的科学理论所代替。"马克思主义指导思想是大学生思想政治教育的重要内容，是立党立国之本，为我国社会主义建设指明了方向。它与中国社会、民族的基本情况是相符的，因此其提出的世界观和方法论是符合我国国情的，是社会主义国家的人们正确认识世界和改造世界的有力思想武器。

马克思主义指导思想是先进文化。只有以马克思主义思想为指导，才能正确认识社会思想意识中的主要矛盾和次要矛盾，并利用马克思主义世界观和方法论透过错综复杂的社会现象，发现症结所在，并保持清醒的意识和头脑。坚持马克思主义思想的指导是被长期的历史实践所证明了的，马克思主义不仅能将旧中国从封建的旧制度中解放出来，还能够帮助中国向前发展。

此外，用发展的、与时俱进的马克思主义思想武装人民，才能真正发挥其思想武器的作用，指导人们认识和改造社会现实，才能成为人们的行动指南，才能推动大学生思想政治教育的发展和完善，推动先进文化向前不断发展。

当代大学生肩负着实现中华民族伟大复兴的重任，必须要有理想，有道德，有文化，有纪律，以社会主义核心价值观为思想指导。但通过对部分大学生进行马克思主义思想的调查发现，有些大学生对马克思主义思想仍存在理解上的欠缺。因此，在进行大学生思想政治教育时，要将发展着的马克思主义的教育融入实践中，使大学生能够从内心深处认同马克思主义的观点、立场和方法。

二、坚持以中华传统文化的精华为养分原则

中华民族拥有五千多年的悠久历史，传统文化源远流长、博大精深。“天行健，君子以自强不息；地势坤，君子以厚德载物。”“先天下之忧而忧，后天下之乐而乐。”“己欲立而立人，己欲达而达人。”“天时不如地利，地利不如人和。”等都是中华民族价值观的重要组成部分。这些价值观念深深地影响着世世代代的中华儿女，是中华民族的文化血脉和思想精华，是民族之魂。

中华传统文化的精华为社会主义核心价值观引领大学生思想政治教育提供了思想传统和文化基础，二者是内在统一的。中华文化经过五千年历史的积淀，亘古弥新，意蕴深长，其中既有对理想社会和政治的追求，又有脚踏实地、积极有为的现实精神，逐渐形成了爱国主义、和谐友善、诚实守信的价值观和道德准则。

有学者指出，在当前的社会主义建设中，传统的复归是中华文明自身发展的内在要求，是实现中华民族伟大复兴的客观需要，更是中国在世界树立大国姿态、实施软实力战略的迫切要求。长征精神、延安精神、铁人精神、雷锋精神、抗洪精神、抗震救灾精神、北京奥运精神等都是对优秀传统文化的诠释和升华。

三、坚持民主原则

在思想政治教育中，教育者和受教育者之间要发扬民主、平等交流，提高思想政治教育的实效，就需要坚持民主原则。

所谓民主原则，是指在思想政治教育过程中教育者与受教育者之间在平等条件下，相互沟通和协调，共同完成思想政治教育任务的准则。民主的原意是指人民的权力，其本质是平等。在思想政治教育中，民主就是教育者与受教育者之间在充分尊重双方的人格和民主权利的前提下，创造条件让双方充分表达自己的思想和意见，并在此基础上集中正确的

意见和建议，满足其合理的要求，制定切实可行的实施方案，共同完成思想政治教育的任务，实现思想政治教育的目标。

（一）确立民主原则的依据

1. 以思想政治教育基本矛盾的性质为依据确定民族原则

在思想政治教育中，教育者所要求的社会主流意识与受教育者思想观念之间的差异是思想政治教育的基本矛盾，主要表现为思想疑难问题，它是属于人民内部的思想问题，是非的辨别问题，而非对抗性的政治问题。所以，在思想政治教育活动中，就只能采取摆事实、讲道理的说服教育的方法，只能采取批评与自我批评相结合的民主的方法。

2. 以思想政治教育的本质规律为依据确定民族原则

思想政治教育活动是改造和加强人的思想政治教育的活动，其本质是人的活动。作为思想政治教育活动中的人，具有区别于其他一切动物的主观能动性。只有在思想政治教育活动中，充分发挥受教育者的主观能动性，受教育者才能积极主动地将思想政治教育的信息内化为个体的思想，外化为其主体的行动，达到思想政治教育的目的；而受教育者能否主动地内化思想政治教育的内容，主要取决于在思想政治教育活动的过程中，其主体地位是否得到尊重，包括其人格、权利、尊严、爱好等是否得到尊重，能否在受教育过程中与教育者平等对话，能否正确地表达，其良好的愿望和主人翁的热情能否发挥其主观意志，这些都有赖于民主原则的充分发挥。

3. 民主原则的一般要求

第一，坚持教育者与受教育者之间的平等地位。在思想政治教育活动过程中，教育者要树立受教育者与教育者之间具有同等权利和平等地位的观念。现代思想政治教育中，教育者和受教育者之间的地位越来越平等，双方完全可以在平等的基础上，展开讨论、辨明是非，达到以理服人的教育效果。特别是在现代信息传媒日益发达的今天，受教育者和教育者之间获取信息的渠道更加畅通，更加便捷，而且还有同步性，教育者不再像过去那样享有获取知识的绝对优势地位。所以，双方需要在平等交流的基础上共享资源，达到信息共享、相互激励、共同提高的目的。

第二，营造良好的民主氛围。在思想政治教育活动过程中，坚持民主原则，必须有赖于思想政治教育民主的氛围。因此，教育者和受教育者之间要营造一种民主的氛围和环境，双方要坦诚相见，畅所欲言，进行双向、互有成效的交流和合作，切忌独断专行、打击报复。

四、坚持科学性与以人为本兼顾原则

中国特色的现代思想政治教育，以马克思主义为指导，代表最广大人民群众的利益，符合历史进步的总趋势，因而具有科学性的特点。价值从来都具有阶级性，不同阶级的思想政治教育具有不同的价值，对立阶级的思想政治教育，其价值观也是根本对立的。现代思想政治教育在马克思主义指导下，是中国共产党关于思想政治教育丰富经验的理论升华，不仅深具科学性，反映了思想政治教育的客观规律，而且具有价值性，在它指导下的思想政治教育实践，能够满足社会全面进步和人的全面发展的需求。以人为本是一个内涵十分丰富的哲学范畴，其基点就是把“人”作为根本的评价尺度和价值取向，人既是出发点，也是立足点，更是归宿点。

以人为本一是要以人的方式把握和理解人，强调把人看作一切事物的根据和本质，确立人的观念、意识和维度，在看待外界事物和问题时，既要坚持历史的尺度，同时也要确立人的尺度。对于思想政治教育而言，确立人的尺度就是在认识、理解与自己进行交往的人时，需要将其作为一个与自己平等的、一样具有思想和个性的现实的人。二是要肯定人的主体作用和地位。马克思多次在他的著作中强调，人作为社会历史发展的主体，是推动社会发展的根本动力，是历史的真正创造者。三是要以人为立足点，尊重人、理解人、关心人、发展人。以人为本表征了马克思主义世界观和方法论的核心价值，是中国共产党人以马克思主义唯物史观为指导提出的具有重大战略意义的思想观点。因此，在思想政治教育过程中，只有坚持以人为本，以人为出发点和中心，真正理解人是一切社会关系的总和的本质，才能在交流与互动中不断提升和完善自身的道德素质。

大学生思想政治教育遵循科学性与以人为本兼顾的原则，首先需要保证包括教育教学内容的科学性，即教材和讲义所呈现的知识结构体系是科学的；其次是教育主客体之间交流的科学性，即表达内容的准确无误、阐述规律的缜密；再次是教学方法的科学性，即教育主体注重对教育客体的启发，要符合教育客体的认知规律。可以通过设置问题情境，教育主体把学习的主动权交给教育客体，并启发教育客体积极思考。同时，在思想政治教育过程中，教育主体要领会和运用以人为本的思想，在教育过程中，需要始终认识到教育客体是自己命运的主宰者和规定者，在与主体的相互交往中实现自身的价值，坚持按照以人为本的原则引领道德素质教育的发展，从而让教育客体形成普遍的主体意识。

五、坚持理论性与实践性相统一原则

理论性与实践性相统一，是经典作家在理论发展和教育实践中总结出来的一条最根本的原则。它既是经济基础与上层建筑关系在社会实践中的具体体现，也是遵循实事求是、一切从实际出发思想路线的要求。

理论性与实践性相统一，不仅是指导各项事业最重要的原则，同时也是大学生思想政治教育必须遵循的根本原则。一是要反对主观主义的思想方法。与理论性、实践性相统一相反，主观主义是一种唯心主义、形而上学的思想方法和工作作风。主观主义的思想方法和学风，严重割裂了理论与实践之间的关系，必须坚决反对。在大学生思想政治教育过程中，也要坚决反对教条主义和经验主义，遵循思想政治教育的一般规律和原则，运用灵活多样的教育方法，联系受教者的思想实际，要尊重差异，允许个性发展。二是思想政治教育一定要联系实际。这里的实际，既包括大学生思想政治教育整个的客观环境，也包括受教者的思想实际。只有搞清楚思想政治教育对象的思想实际，才能找到思想和问题的症结所在，从而对症下药，有的放矢，有针对性地拿出正确的办法和措施。

大学生思想政治教育是理论性与实践性相统一的过程，实践性是大学生思想政治教育的一个重要特征。实践是思想品德形成的重要源泉，也是思想品德得以提升的动力，更是衡量大学生思想政治教育成败的标准。理论性与实践性相统一需要寓教育于活动，要教之于不知不觉中，“论道而不说教”，即把大学生思想政治教育内容融于各种实践活动之中，把大学生思想政治教育内容与各种实践活动结合得合情合理。除此之外，还要注重实践活动的真实度和深刻度，即进行大学生思想政治教育时要注重质量的提高、实践具有的教育内容、外显行为向内在精神的转化，以及涉及现实生活的各个侧面。只有这样，才能使大学生思想政治教育的内容与现实生活紧密结合，从而达到最佳的教育效果。

六、坚持“四个服务”和“四个坚持不懈”原则

我国由中国共产党领导，是拥有五千多年历史的文明古国，是世界上人口最多的国家，是世界上最大的发展中国家。改革开放多年我国走完了发达国家几百年走过的历程，当前正处在全面建成小康社会的决胜阶段。独特的历史、独特的文化、独特的国情，决定了我国必须坚定不移地走自己的高等教育发展道路，把我国高等教育发展方向同我国发展的现实目标和未来方向紧紧联系在一起，坚持为人民服务、为中国共产党治国理政服务、为巩固和发展中国特色社会主义制度服务、为改革开放和社会主义现代化建设服务。这是扎根中国大地办好中国特色社会主义大学的根本保障。

大学生思想政治教育肩负着培养德、智、体、美、劳全面发展的社会主义事业建设者和接班人的重大任务，高等教育也已从精英教育阶段进入大众化教育阶段。截至 2019 年 6 月 15 日，全国高等学校共计 2956 所，要把这么多青年人培养成优秀人才，既要抓好知识教育，更要抓好道德人品教育。提升大学生思想道德素质的关键在于做好大学生思想政治教育工作。

大学生思想政治教育既是我国高校的特色，又是办好我国高校的优势。这些年来，高校广大师生思想主流积极健康向上，对党领导衷心拥护，对党中央治国理政新理念新思想新战略高度认同，对中国特色社会主义和中华民族伟大复兴的中国梦充满信心。面对各种噪音杂音、风吹草动，高校总体保持稳定，大学生思想政治教育工作功不可没。当前，国际国内形势深刻变化，社会思想文化和意识形态领域情况更加复杂，马克思主义指导地位面临多样化社会思潮的挑战，社会主义核心价值观面临市场逐利性的挑战，传统教育引导方式面临网络新媒体的挑战。同时，大学生思想政治教育工作还存在一些亟待解决的问题。

面对新形势新任务，加强大学生思想政治教育工作，最重要的就是要在事关社会主义办学方向的问题上站稳立场，坚持不懈传播马克思主义科学理论，坚持不懈培育和弘扬社会主义核心价值观，坚持不懈促进高校和谐稳定，坚持不懈培育优良校风和学风，始终把立德树人作为中心环节，把思想政治工作贯穿教育教学全过程，实现全程育人、全方位育人。

第三节　大学生思想政治教育的方法分析

习近平总书记指出，要提升思想政治教育亲和力和针对性，满足学生成长发展需求和期待。思想政治教育亲和力是思想政治教育对教育对象所具有的亲近、吸引、融合的倾向或特征，表现在思想政治教育方法上，就是指既遵循思想政治教育的科学原则，又重视精神的交流与心灵的融合，实现共鸣与共情，采取多种方法，让学生便于掌握、易于理解、乐于接受。要因事而化、因时而进、因势而新，坚持“贴近学生、贴近生活、贴近实际”，让思想政治教育切实落地生根。要换位思考，从学生的角度去引导，让学生感受到被尊重、被关怀，从内心主动接受思想政治教育的内容，实现理性与情感的双重认同。

一、大学生思想政治教育方法的主要作用

（一）组成大学生思想政治教育要素的重要部分

对当代大学生进行思想政治教育的具体过程，就是在一定的社会环境中，教育者依据党和国家提出的具体教育内容，根据当代大学生的身心特点，通过专门的安排组织规划和

特定的方式方法，培育当代大学生形成合乎社会要求的良好的价值观念的过程。

由此可见，大学生思想政治教育过程中包含了几个核心构成要素，主要包括教育者和教育对象（主体要素）、培育内容和要求（内容要素）、教育方法（方法要素）、一定社会环境和条件（环境要素）。其中，教育方法就是一个重要的构成要素。

（二）实现大学生思想政治教育目标的必要条件

大学生思想政治教育的具体实施包括以下三个阶段：

第一，首先要把党和国家所明确要求的大学生思想政治教育相关内容传达给学生，学生在各种因素的综合作用下，有选择地接受这些理论并转化为个体的思想观念，这一阶段被称为“内化”阶段。

第二，在各方面因素的综合推动下，进一步促使大学生将这种个体的思想观念转化为良好的行动，逐渐形成良好的习惯，这一阶段即“外化”阶段。

第三，对大学生个体行为所产生的社会效应进行详细的观察分析评价，通过各种反馈，对方案进行适当的调整，进一步对大学生的个体观念和行为造成有利影响，使之符合社会要求，而这一阶段的实现也是通过重复第一、第二两个阶段的“两个转化”行为来实现的，调整后的符合社会要求的观念和行为不断强化，最终形成稳定的品质。

简单来看，这三个阶段就是一个“内化—外化—内化—外化”不断螺旋式上升的过程。而要促成这一过程的实现，必须要靠各种具体方法的实施。教育方法，就是为教育目标的实现而服务的，是教育者完成教育任务、实现教育目标的工具和手段。

（三）提高大学生思想政治教育效果的重要因素

教育方法是一个能够在很大程度上对大学生思想政治教育效果形成深远影响的重要因素，具体体现在如下两个方面：

一是对于大学生思想政治教育而言，其受到多方面因素的影响，教育内容便是教育目标能否实现的决定性因素。教育内容能否实现、能在多大程度上实现，还要取决于教育方法的选用。当然，方法选择环节本身也是不能缺少的，否则，教育内容就无法落到实处，教育目标的实现更无从谈起了。

二是使教育效果得以实现不仅仅需要教育方法的保证，更需要教育者能够巧妙掌握并合理运用恰当的教育方法。在具体的思想政治教育工作中不难发现，即便是教育内容、教育环境和教育对象相似，教育方法的选择也可能是不一样的，这就会使教育效果存在很大的差别。

因此，长期以来，人们从未停止过对思想政治教育方法创新和改进的探索，以使得思想政治教育效果更好地实现。

二、中国古代思想教育方法解读

在中国古代思想教育中，三种方法占据了重要的地位，分别是施教法、内化法、默化法。这三种教育方法各有特点，下面就对这三种教育方法展开分析和探讨。

（一）施教法

施教法是针对教育者而言的，顾名思义就是教育者对受教育者进行思想政治教育的方法。在中国古代，思想家对思想政治教育是非常重视的，他们不仅将思想政治教育看作是道德修养的方式，还看成是治理国家的方略和维持人际和谐的手段。因此，他们在不断的理论和实践中提出了一些施教的方法，具体包含以下几种：

（1）教学相长法。教学相长法就是要求教育者与受教育者之间是一种平等的师生关系，达到两者间的取长补短、相互尊重，同时还能够共同进步、相互促进。教学相长法对教育者与受教育者之间的关系有一个全面的认识，但这一认识是以思想政治教育过程中的地位作为基础的。孔子对“教学相长”是非常重视的。他鼓励自己的学生应该“当仁不让于师”，即学生自己能够担任重要角色，与教师不相上下。因此，师生间要不断切磋。

在《礼记·学记》一书中，“教学相长”这一概念被明确地提出来，即“是故学然后知不足，教然后知困。知不足，然后能自反也；知困，然后能自强也。故曰：教学相长也”。这句话是说，受教育者只有通过学习才能弥补自己的不足，教育者只有不断地进行教育实践才能解决自己的困惑。孔子的这一言论看到了教与学之间的区别和联系，将二者的辩证关系展示出来。自此之后，教学相长的理论被逐渐发展和固定下来，后世的王通、韩愈、柳宗元等人也倡导这一方法。

（2）循序渐进法。循序渐进法就是要求教育者从受教育者自身的道德认知和接受能力出发，由少到多、由浅入深地进行思想政治教育。众所周知，人的思想道德转化和发展往往是从量变到质变的过程，因此循序渐进法是和人的思想认知转化与发展规律相符合的。同时，循序渐进法也可以调动受教育者的积极性，从而获取绝佳的教育效果。孔子认为“欲速则不达，见小利则大事不成”。这里的“欲速则不达”就是告诉人们不能急于求成，否则很难收到理想的效果，甚至很可能会适得其反，而应该循序渐进，一步步地完成，持之以恒。此外，“千里之行，始于足下”“君子教人有序”“学者须循次而进”等言论都是对循序渐进法的阐释。

（3）启示引导法。启示引导法是根据受教育者的爱好、兴趣等，教育者对他们进行有效的启发，引导受教育者不断培养良好的思想品德。在长期的思想教育实践中，孔子认识到要想教育更加成功，教育者需要调动受教育者的兴趣，以人为本，发挥受教育者的主体作用，使他们逐渐培养自身独立思考、主动思考的能力。

（4）因材施教法。因材施教法是由于受教育者的才能、性格、特长、志趣等的不同，教育者应予以尊重和承认，并以这些差异为依据，对受教育者有针对性地输入教育，灵活地采取适合受教育者的教育方法。孔子主张“各因其材”，这是南宋理学家朱熹对孔子施教的描述。他明确指出了孔子教书育人的时候往往会根据个人的差异性来选择教法，有的从言语上进行教授，有的从德行上进行教授。因此，孔子的这一思想就被后人视为“因材施教”，孔子也被认为是历史上第一个施行因材施教法的教育家。他的因材施教思想可以归结为以下两点：

第一，因材施教的前提是教育者应该注意到受教育者不同的才能、性格、特长、志趣等。但是教育者应如何注意呢？首先他们要对受教育者的所作所为进行检查，进而对他们所作所为背后的动机进行考察，从而整体上把握他们的个性特点。

第二，针对不同的受教育者，教育者应该实施不同的途径和方法。例如，针对同样的问题，应该给予不同的回答。对于学生提出的同一问题，孔子往往会根据提问者的个性、个体需要来作答。针对不同智力能力的受教育者，应该施行不同的教育方式。在孔子看来，智力能力在中等以下的，教育者不应该将高深的学问灌输给他们；对于智力能力在中等以上的，教育者可以引导他们接触高深的学问。

之后，宋代、明朝等的理学家、思想家对孔子的因材施教方法进行了传承和发展。例如，张载提出的“时可雨而雨”、王夫之提出的“君子之教因人而进之”等，这些都是对因材施教理论的贯彻。

（5）身教示范法。身教示范法是要求教育者应该起到示范、以身作则的作用，通过自己的实际行动来体现教育的要求。这一教法是中国古代思想教育的特色。孔子认为，在思想政治教育上，身教要比言教重要得多。他告诉统治者，如果想正他人，首先应该正自身，只有自身正了，他人才会唯命是从。同时，他还在上行下效理论的基础上，对身教进行了阐释。之后，荀子、孟子等人也明确提出“教者必身正”等理论，这极大地强调了教书育人、身教示范的重要意义。

（6）平等育人法。平等育人是主张所有人在受教育上都是平等的，教育者应该对所有的受教育者都一视同仁。孔子主张“有教无类”，其中的“类”就是要求对待教育者应没有类的差别，即不论地位尊卑、贫富贵贱、民族差异等，始终以平等的态度对待受教育者。之后，很多后世的思想家认同孔子的这一主张。例如，黄侃的“人乃有贵贱，宜同资教”、程颐的“人皆可以至圣人”等都是其最好的体现。而且不得不说的是，中国的平等育人教法在世界上处于领先地位，比世界上其他国家早了2000多年，这也是值得中国人自豪的。

（二）内化法

内化法也可以称为“自我教育”，这是针对受教育者来说的。所谓“内化”，是指教育者应该对教育对象的内在本性有基本的注重，重视教育对象的内在需要，目的是激发教育对象的内在思悟与内在潜能，从而实现受教育者内在的自律。以孔子为首的一些中国古代思想家对内化法进行了强调和阐释。他们认为思想政治教育只有重视受教育者的内化，才能使受教育者达到预期的效果。中国古代思想家在对内化进行深刻理解的基础上探求了内化的有效途径，如逐渐形成的知荣明耻、克己慎独、改过迁善、自我反省、忠恕一贯、益志养气等。下面对这几点予以详细说明：

（1）知荣明耻。从古至今，知荣明耻在人们的生活中一直是一个重要的道德问题。它属于一种情感意识，是在人们在一定的善恶是非观的基础上产生的一种自觉求荣之心，是人们对自身尊严珍惜和维护的意识上产生的。可以说，明耻是一种基本的人格和德行。只有做到了这一点，人们才能使自己的道德意识得以觉醒，才能不断严格地要求自我，提升自我，完善自我。

（2）克己慎独。克己与慎独可以单独来理解。克己就是能够严格要求自己，对自己的言行能够加以约束和控制，使自己的言行与规范要求相符。慎独就是即使没有他人的监督，受教育者也能够按照社会规范自觉地行动与思考。一般来讲，人们能否自我修身，以及自我修身能达到怎样的程度，就是依据他们能否做到和坚持慎独。与克己相比，慎独的层次更高，而且对自觉性的要求更强。孔子对克己是非常重视的，他提出“非礼勿视，非礼勿听，非礼勿言，非礼勿动”的方法来克己。也就是说，要想实现克己，就必须要做到礼，对自己的言行应该予以严格要求。在中国古代动荡的社会中，克己是十分必要的，有助于促进整个社会甚至是个体的和谐。对于慎独，最早是出现在《礼记·中庸》一书中，“是故君子戒慎乎其所不睹，恐惧乎其所不闻……故君子慎其独也”。这就是说君子在个人独处时应该小心、谨慎。

（3）改过迁善。顾名思义，改过迁善就是逐渐改正自己的过失、过错，从而不断完善自己的品格。众所周知，不是所有人都是圣贤，谁都没有犯错的时候，而对于这些错误，人们需要不断认识和改正，只有这样才能提升自我、完善自我。而且，只有在不断地与过错做斗争的过程中，人们才能不断完善自我，如孔子所说的“过则勿惮改”、孟子的“过则改之”等。

（4）自我反省。自我反省就是要求受教育者能够自我批评、自我认识、自我教育。使思想道德的提升成为受教育者的一种自我要求。对于这一点，孔子主张“君子求诸己”、曾参主张“三省吾身”等。

（5）忠恕一贯。忠恕一贯是指人们要从自己的内心体验出发来对别人的思想感受进行推测，从而实现推己及人的目的。换句话说，就是要求受教育者应该严于律己，设身处地地为他人着想。孔子提出“吾道一以贯之”，其中的一贯之道就是所谓的忠恕。这种推己及人、将心比心的做法体现了对受教育者人生价值的肯定以及人生意义的关怀，是一种强烈的人文主义精神。

（6）益志养气。益志养气就是说的道德意志，一般道德意志分为两个层面：志向与意志。前者指的是人们修养道德时的精神导向，是价值观、人生观的核心内容；后者是人们修养道德的精神支柱，是人们提升精神境界、攀登道德高峰的动力。

在道德意志上，中华民族从古至今一直非常重视，如孔子的“匹夫不可夺志也”、孟子的“舍生取义”、曹操的“老骥伏枥，志在千里”、诸葛亮的“志当存高远”等都是最好的体现。

（三）默化法

默化是一种隐性的思想政治教育方法，其主要是通过外界环境等不断潜移默化地渗透到人们的生产、生活、精神之中。一般来说，默化法主要包含两点：风俗感化与礼制规划。

（1）风俗感化。所谓风俗，是指人们在一定社会群体或者地域形态中形成的一种习惯，是由一系列的习惯、准则、规矩等构成的影响人们日常生活行为的规范。其中包含着群体长期形成的感情与经验。风俗感化是将统治者所倡导的规章制度、统治思想等转化成民俗，从而保证大众能够符合其统治思想的要求。在具体的运用上，这一思想主要包含以下两个层面：

层面一，从人民大众的生活、生产、精神活动的需求出发，制定符合儒家思想的道德规范，在不断的实践中形成一种礼俗，如生产礼俗、节庆礼俗、消费礼俗、嫁娶礼俗等。这样，中国传统的社会主导思想道德就向民俗文化的方向转化。

层面二，设置地方官专职教化，树立道德典范。秦汉时期，地方上就专门设置“三老”来主管教化事务，他们有着发现本地区的孝子贤孙、贞女义妇、让财救患、为民法式的责任。通过对这些人或者这些家族进行表彰来昭告天下，人们纷纷效仿，从而引导道德风尚。

（2）礼制规划。与风俗感化相比，礼制的手段更为直接，是对人们具体行为进行规范，一定程度上改变了人们的旧有思想，使人们不断创新自己的思想。礼制规划就是人们按照礼仪制度的规定来活动和作为。这一方法实际目的是使人们的思想道德达到统治者预期的效果。在我国古代，很多思想家都强调用礼制的观念来规划人们的行为，并且这一思想也得到了大众的认同。因此，封建社会的统治者设置了各种礼制来规范人们的行为，不同的行为都需要在规定的步骤和程序下进行，而这些制度一经树立就具有了规范性。因此，礼制规划具有强烈的权威性。

三、当前我国高校思想政治教育的方法

当前我国高校常用的思想政治教育方法主要有以下几种：

（一）理论教育法

理论教育法是中国共产党在长期的思想政治教育实践过程中形成的一种工作方法，它对提高人们的理论水平和思想认识发挥着重要的引领作用，是思想政治教育的一种常用方法。[①]

理论教育法，是指教育者有目的、有计划地向受教育者传授马列主义、中国特色社会主义理论体系等内容，帮助受教育者树立科学的世界观、人生观和价值观，提高其思想理论素质和政治觉悟的方法。换言之，就是通过加强对马克思主义的基本原理和基本观点的宣传、教育、学习，使受教育者逐步提高其思想理论水平，形成坚定的政治立场和方向。

1. 理论教育法的具体形式

理论教育法的具体形式是多种多样的，按教育的形式分，可以分为口头教育和文字教育；按教育的范围分，可以分为个别教育和集体教育；按教育的途径分，可以分为自我教育和他人教育；按教育的方式分，可以分为启发式教育和直观式教育。这里简要论述以下几种：

（1）理论讲授。理论讲授就是教育者通过口头语言向受教育者系统传授科学理论的教育方式。在我国，科学理论主要是以马克思主义理论为主，人的发展和社会发展理论、思想政治教育理论等为辅。如高校的思想政治理论课就是采用理论讲授法。这是使用最广、运用最多的一种方法。

（2）理论学习。理论学习就是教育者有目的、有计划地组织受教育者（集体或个人）学习马克思主义理论和党的路线、方针、政策的教育方式。它是阅读马克思主义经典著作，领会党的文件精神，掌握马克思主义的立场、观点和方法，并自觉加以运用的一种方法。理论学习法更加侧重受教育者的自主性，受教育者可以进行判断、选择，这使思想政治教育更能成为受教育者的一种主动行为。在具体操作方式上，有读书读报、知识竞赛、

---

① 陈万柏. 思想政治教育学原理（第3版）[M]. 北京：高等教育出版社，2015.

讨论、辩论等形式。

（3）理论宣传。理论宣传就是教育者运用大众传媒的电视、网络、报刊等工具向人们宣讲科学理论的方法，是一种普遍的理论教育方式。这种方式可以通过系统的理论讲座、读书辅导以及办专题节目（栏目），来宣传党的思想政治路线和方针政策，引导人们全面领会和贯彻执行。其优势是系统性强，覆盖范围广，影响大，有利于营造良好的舆论环境和学习氛围。

（4）理论培训。理论培训就是教育者有组织有计划地通过培训班或学习班对受教育者进行系统的理论培养，帮助受教育者树立系统的理论观点，指导其科学的行为。理论培训需要在一定的时间、集中一定的人力和物力，对特定的教育对象加以教育。其优势就是时间短、见效快，有利于新的路线、方针或理论的推广。

2. 理论教育法的注意事项

尽管理论教育法是思想政治教育的一种常用方法，但在运用理论教育法时，还是需要注意以下几点：

第一，理论教育的目标和任务要明确。理论教育主要是对人们传授社会主流意识形态，具有明确的目标和任务。所以，教育者在教育时一定要注意目标明确，任务清楚。

第二，理论教育内容的正确性和科学性。注意理论教育内容的正确性和科学性，以便人们树立正确的思想和观点，指导人们的实践活动。

第三，理论教育方法的灵活性。由于现代科技的发展，理论教育的方法要注意运用现代科技手段，加强理论教育的生动性和趣味性，激发人们学习理论的热情。

（二）实践教育法

从本质来看，思想政治教育是一项实践活动。所以，实践教育法理所当然地是思想政治教育的一种基本的方法，它对于提高人们的思想觉悟和认识能力具有重要作用。

所谓实践教育法，是指教育者组织受教育者参加各种实践活动，在实践活动中不断提高思想素质和认识能力的方法。即在改造客观世界的过程中同时改造自己的主观世界的方法。辩证唯物主义认为，社会实践是人与外界事物发生作用的桥梁和纽带，是人的正确思想形成发展的源泉，也是检验人的思想正确与否的唯一标准。所以，实践教育法是帮助教育对象树立正确的世界观、人生观、价值观所不可或缺的方法。

1. 实践教育方法的具体形式

实践教育方法的形式多种多样，有社会服务活动、劳动教育、社会考察、社会调查、社会业务工作锻炼等。这里主要概括介绍以下几种：

（1）社会服务活动。社会服务活动就是教育者组织受教育者运用自己的智力、知识、技能和体力等主动开展社会服务，为人们提供帮助、解决困难的活动。如开展各种青年志愿者活动，就可以培养青少年的集体主义精神和奉献精神。它的内容和方式多种多样。按服务的方式来分，有劳务服务、咨询服务、智力服务；按范围来分，有群体服务、个体服务；按服务的内容来分，有生产服务、生活服务、科技服务和信息服务等。

（2）生产劳动。生产劳动就是组织受教育者利用一定的时间直接参加生产劳动，使受教育者在生产劳动过程中，逐步树立正确的劳动观点，培养热爱劳动、热爱劳动人民、珍惜劳动成果的思想，养成良好的劳动习惯。它是实践教育的重要方式之一。根据不同的标准也可以分为不同的种类。如按类别来分，有农业生产劳动、工业生产劳动；按性质来分，有集体生产劳动、家庭生产劳动等。经常组织受教育者参加生产劳动，不仅能帮助其树立正确的劳动观念，而且还能促进学生正确认识社会各种职业，珍惜别人的劳动成果，形成健康的心理和促进身体的健康发育。

（3）社会调查活动。社会调查活动就是组织受教育者深入社会和基层，通过有计划、有目的的考察、访谈和调查研究，了解客观现实情况，加深对社会的了解和全面认识的实践活动。社会调查包括问卷调查、访谈调查和座谈等形式，它可以帮助受教育者将理论与实际结合起来，养成实事求是的作风。在开展社会调查活动时，需要有明确的目的并精心组织，加强对调查对象科学的选择和分析，使受教育者在调查活动过程中了解实际情况，增强思想政治教育的效果。

（4）社会实际业务工作。社会实际业务工作就是组织受教育者通过参加实际业务工作实践，在完成具体业务工作的过程中，经受思想、能力和体力上的锻炼，使其在熟悉业务工作的基础上提高思想道德素质，增长实际才干。它主要包括完成某项具体任务、某项社会工作，搞好教学实习、各种技术协作或社会服务等。

2. 实践教育法的注意事项

随着我国市场经济的发展和改革开放的深入，人们的思想观念变化越来越快，实践教育法愈加重要。但在运用实践教育法时，要注意把握以下几点要求：

第一，要深入社会实际。受教育者要深入了解社会实际，必须要有虚心的态度、吃苦的精神，主动地接触社会、认识社会，并在社会实践中了解和把握实际情况。

第二，认真调查。受教育者要针对自己思想疑惑大的问题，或人们广泛关注的国计民生问题，进行广泛调查。包括访谈、座谈和问卷调查等多种形式的运用，从社会实践或调查中，真正了解国情和社会热点问题，提高实践教育法的效果。

第三，积极体验。受教育者要积极参与社会实践活动，并在实践活动中，认真体验，积极感悟。只有通过积极的劳动锻炼，通过对社会的调查和业务活动的熟悉，才会有切身的体验和感悟，也才能真正地触动其思想和行为，积极地内化思想政治教育的理论，达到思想、理论和实践的融通，实现思想政治教育的目的。

（三）自我教育法

自我教育法是受教育者自己教育自己的方法，它是我国传统思想政治教育的一种重要方法，也是现代思想政治教育的重要方法之一。

所谓自我教育法，是指受教育者根据自身发展的需要，通过自学理论、自我修养、自我调控等方式提高和完善自我的方法。换言之，就是受教育者为了提高自身的思想政治素质和道德水平，通过自我学习、教育和调控，主动地接受先进思想和正确理论，不断地丰富自身的思想理论修养，提高自身的道德素质，努力促进自我完善和发展的方式方法。

1. 自我教育法的具体形式

自我教育分为个人的自我教育和群体的自我教育，个人自我教育的主体既是教育者又是教育对象；群体自我教育是指一个集体内部的互帮互教，是群众自己教育自己的活动。在这里，着重分析个人的自我教育的几种形式：

（1）自学理论。所谓自学理论，是指受教育者为了提高自身的理论素养和思想政治觉悟，通过自学掌握先进思想和正确理论的方式。在现代社会，随着社会的发展和现代媒体的发展，为受教育者提供了便利的自学条件。如受教育者可以通过阅读一些经典著作，接受正确的理论观点或先进思想，也可以通过网络视频进行自学，还可以通过其他影像资料进行自学。总之，现代社会一方面为受教育者自学理论提供了越来越便利的物质条件；另一方面，受教育者也只有不断地自学理论，提高自身理论素养和思想政治觉悟，才能促进自我发展。

（2）自我修养。所谓自我修养，是指人们在政治、思想、道德以及知识等方面进行自我教育和自我锻炼，以及由此而达到的一定程度和水平。在思想政治教育中，自我修养主要包括政治修养、思想修养、品德修养等。其主要方式有：一是自我省察。它是通过对自己行为和思想的回顾、反思，不断地自我剖析、自我认识、自我评价，找出自己存在的差距和问题，并不断地改进和提高自己的思想和行为。二是自我反思。主要是指个人对自己的思想和行为进行理性的思考和系统的总结。自我省察和自我反思都是主体的自我内心活动，都要联系个人自身的思想和行为进行总结、检查和评估，但后者不仅限于自我的主观因素，也要联系所处的社会和环境等客观因素进行系统的分析和思考，从而找出其思想和行为发展中存在的主要问题和原因，并探寻加强自我修养的有效对策和措施。

（3）自我调控。所谓自我调控，是指自我教育者自觉地运用规章制度、纪律、道德规范、法律等来约束自己，调节和控制自己的言行。自我调控的方式主要有自我控制和自律。自我控制即自制，是指个人对思想、情感以及言行的约束和控制。自我控制主要是用理智的力量控制自己的感情冲动，制约自己的言行。自我控制的能力与个人的认识水平有关，对客观事物认识越深刻，自我控制的能力也越强；自我控制还与人的目标坚定性有关，一个能够始终坚定不移地向目标进发的人，其自我控制能力也越强。所以，需要通过不断地提高教育对象的认识水平，提高他们的自我控制能力。自律就是自己约束自己，自觉地将自己的行为限制在一定的规范之内。自律包含了人们应有的自我监督意识和自我控制能力。个人自我监督和自我控制的程度主要取决于其自觉性和文化、道德水平。人们生活在社会之中，必须协调自己与社会的关系，这就需要自律。一个人如果对自己的情绪、行为不加控制，就会对社会和自身造成危害。

（4）自我评价。所谓自我评价，是指自我教育者通过对自我价值的认识以及对自己的思想行为的一种体验，自己做出肯定和否定的判断。影响自我评价准确性的因素主要有自我教育者认识水平的高低、心理发展水平的高低以及年龄的大小等。这就需要教育者在引导受教育者进行自我评价时，要注意克服盲目性和随意性。它需要引导受教育者要以思想政治教育所要求的社会客观标准对照检查自己的思想和行为，做出客观公正的自我评价，从而调整和提高自我人格发展的水平。可以说正确的自我评价，就能产生正确的反馈，就能保证自我调控的顺利进行。反之，就会影响思想政治教育的效果。

2. 自我教育法的注意事项

在思想政治教育中运用自我教育法，需要注意以下几点：

第一，要以教育对象自我意识的发展水平为条件。这里的自我意识主要是指主体自己对自己进行自我认识、自我评价、自我监督、自我调适等意识活动。自我意识随着年龄的增长和学习工作经历的发展而发展，一般到青年期趋于成熟；自我教育也是伴随着自我意识的发展而发展的。因此，在思想政治教育中，需要根据教育对象自我意识的发展水平，对不同年龄段的教育对象应提出不同的要求，合理地加以引导。

第二，注意加强自我教育和教育之间的相互联系。人们自我教育的能力不是天生的，它是通过外部环境的影响，包括家庭、学校、社会教育的影响而形成的。只有接受教育，接受外界的思想和信息，然后经过自我加工，才能形成自我教育的能力；而自我教育能力的提高，反过来促使人们更好地接受教育，增强和巩固教育效果。所以，教育和自我教育的关系，是内因和外因的关系，外因只有通过内因才起作用，这就需要在加强教育的同时，积极引导教育对象进行自我教育。

第三，善于激发受教育者自我教育的动机。要善于激发受教育者自我教育的动机，帮助受教育者树立正确的理想和形成完美的人格。

第四，营造良好的自我教育环境。教育者要有目的地组织多种实践活动，形成一种良好的自我教育环境，并引导受教育者在实践中进行自我教育，培养受教育者自我教育的能力。

四、大学生思想政治教育方法创新研究

方法是以客观规律为依据、在人的主观作用下产生的，是主体把握客体的手段、方式以及途径的总和，充当了使主客体相关联、结合、统一的桥梁。不同于动物以有限的、不变的方式生存的状态，勤劳智慧的人类总是想方设法通过各种方法、工具、技术的革命而使得自身进入新的活动空间、体验新的生活方式，从而推动了人类历史的进程。

方法创新以人的活动方式等为对象，在旧有方法的基础上进行改革或是直接创造出新的方法，从而为事物的发展带来良善的改变。在实际生活中，人们往往只注重物化的、易观察的创新，而没有给予方法创新充分的重视。根据实践可知，方法创新即人类不断发挥自身的主观能动性，增强方法的工具性作用，突破自身的局限，提高各项水平，扩大认识世界的范围。

（一）同构式方法

主体间性的前提是人成为人，人成为主体，这样主体之间才能相互作用，形成联系。若人不具有主体性，就谈不上主体间性。而“同构”是数学上的一个概念，指数学对象之间的一种映射，是这些对象之间存在的关系。

发展以主体间性理论为核心的大学生思想政治教育同构式方法就是以“以人为本”为理念，将受教育者的主体地位放在首位，将其与思想政治教育的关系通过映射理论进行分析。

把握大学生思想政治教育同构方法，就是秉持“以人为本”的理念，将大学生放在思想政治教育因素的首位，并以此为出发点，构建思想政治教育系统。

加强大学生同构式发展的同时，要将大学生思想政治教育目标和个体发展目标相融合，确保二者的一致性。此外，要不断创新思想政治教育内容，将思想政治教育的领域不断扩展，保持其新颖性。

主体间性理论中，大学生思想政治教育基地模式也很重要。在国际化视野下，要搭建跨文化平台，融合多种文化特色和视角，使大学生能够接触到更多的文化元素；要构建新的主客体互动模式，充分发挥大学生的主体性，开启师生之间互动模式，引导大学生积极参与学习过程；还要积极引导教育者加强学习，紧跟时代发展，不断优化、创新自身“语言库”及“思维系统”，保持自身的发展，缩小与学生语言上的差距，使双方交流更加流畅。

此外，随着信息技术的发展及高校网络平台的构建，通过网络进行思想政治教育已成

为一项重要方法。为更好地利用这一渠道，师生都要提高自身的信息素养，加强技术学习，充分利用网络平台进行沟通交流。

（二）社会工作方法

社会工作在西方发展迅速，学校社会工作是其中一种模式，这种模式兴盛于20世纪的美国。这种模式以家庭教师访问形式为开端，经历了个案工作，之后逐渐制度化，最后形成一种模式。这种模式具有学校课堂教学所难以取得的优势和效果，其突出作用主要表现在对特殊学生进行教育、对学生的深入了解等。我国部分高校也开始尝试运用这种模式进行思想政治教育。

提供服务，以实际的参与与实践来解决问题是这种模式的特征。这种模式与思想政治教育存在一致性，因社会实践一直是思想政治教育倡导的途径与方法，并且思想政治教育以服务学生为主要宗旨，这一点与社会工作的服务特性也存在一致性。运用社会工作模式，加强思想政治教育育人作用，是一种新的探索与尝试。

首先，将社会工作的服务理念引入大学生思想政治教育中，以近距离、更贴心的服务，加强大学生思想政治教育的服务意识。

其次，树立个体服务意识，将大学生群体教育与个体教育结合起来，并专门针对大学生个体开展工作。这就要求，一方面，思想政治教育工作者要充分分析大学生的个体差异，找出具体教育方法，使每个人的个性都得到尊重。另一方面，可借鉴社会工作中小组工作方法，成立小组，以加强大学生之间亲密关系的构建，通过小组的力量和团队的合作，共同解决难题，共同成长进步。常见的方法就是通过问题讨论、校外服务活动等方式，使大家在活动中加深对彼此的了解，通过相互学习和借鉴，学会彼此接纳和尊重，最终形成大学生良好的个性特征。这一方法比较典型的例子就是华中师范大学的恽代英党校培训班，培训班以刚进入大学的新生党员为培训对象，之后将不同专业的学生编排进同一学习小组。这种突破专业界限进行小组学习的编排方式，就是为了使不同专业的学生能够看到彼此知识、能力、见识上的不同，进而更好地相互交流、相互学习。培训班除了进行日常课堂学习外，还进行各种活动使学员之间加深了解。这些活动包括小组游戏、小组党员成长计划等。上述方法也在其他高校中得到了运用，并且受到学生的广泛欢迎。在大学生思想政治教育中，学校社团是运用小组活动方式较多的地方，所以，要积极重视学校社团的作用，鼓励学生积极参与社团活动。

最后，要借鉴社会工作的个案工作方法，以解决大学生遇到的实际问题。如通过访谈、网络交流、记录等方式缓解大学生考前压力、交往困难等问题，同时社会工作中的一些心理治疗模式也可被引入思想政治教育中，如危机调适模式、行为治疗模式、人本治疗模式等。

（三）协同式方法

协同理论主要强调系统的观点，强调系统要素之间彼此影响、相互作用的原理。而且各要素之间保持一种平衡、有序的关系，大系统的正常运转才能得到保障。当前，大数据的运用使得各要素之间的作用更加复杂，各要素的协同性和协调性也就显得更为必要。有鉴于此，协同式方法也是大学生思想政治教育创新的必然选择之一。

第一，思想政治教育要与其他学科充分融合，通过吸收其他学科有益的方法，突破自身方法的封闭性，使各学科方法不断渗透，彼此融合，使思想政治教育方法更加具有创新性和发展性。

第二，思想政治教育方法要向立体化、全方位发展。在我国，思想政治教育存在着“5+2=0”的效应，即学校 5 天的正面教育会被学生 2 天的社会负面教育抵消。所以，大学生思想政治教育要形成合力，除要进行学校思想政治教育外，还要加强家庭、社会教育，最终形成以学校教育为主导，以家庭教育为主托、以社会教育为主线的格局，在学校思想政治教育中，还要形成“大学工”的工作理念，将相关学科的专家，如心理学、社会学等方面的专家、学者，纳入思想政治教育的队伍中，以提高思想政治教育的实效性。

第四章 大学生思想政治教育的教学工作优化管理

第一节 高校教师与大学生思想政治教育

高等院校是培养人才的重要阵地。随着信息时代的到来，大学生的思想状况越来越复杂，改进和加强大学生思想政治工作的任务也越来越艰巨。在这种情况下，仅靠高校的思想政治工作者是不够的，广大专业教师在大学生的思想政治教育方面必须有所作为。

一、高校教师的重要使命：对大学生进行思想政治教育

教师职业本身包含着“育人”的任务。古往今来，许多政治家、思想家、教育家都非常重视对学生的思想教育。如唐代著名学者韩愈在《师说》一文中说：“师者，所以传道、授业、解惑也。”所谓“传道”就是对学生进行思想教育，所谓“授业”就是向学生传授专业知识，所谓“解惑”则是要回答学生在学习生活中遇到的各种问题。显然，“传道”“授业”“解惑”是教师的三大职责。其中“传道”在老师的工作中处于十分重要的地位。也就是说当教师的要把“育人”当作头等大事来抓。

《中华人民共和国教师法》规定：“教师是履行教育教学职责的专业人员，承担教书育人，培养社会主义事业建设者和接班人，提高民族素质的使命。”故各级各类学校都有对学生进行思想教育的责任。

高等院校是培养高级人才的主战场，因而高校教师教书育人的责任尤为重大。在新时代，国际国内形势发生了重大变化，对大学生进行思想政治教育的任务越来越艰巨。因此，党和政府非常重视对大学生的思想政治教育。习近平总书记指出，“高校思想政治工作关系高校培养什么样的人、如何培养人以及为谁培养人这个根本问题，”并通过系列论述从理论和实践结合上对这一根本问题进行了系统回答。这些重要论述，从确保中国特色社会主义事业后继有人和兴旺发达的高度，对大学生思想政治教育提出了更高的战略定位。

从我国大学的历史和现状来看，对大学生进行思想政治教育不仅仅是思想政治工作者的责任，也是广大专业教师的责任。专业教师，特别是哲学社会科学教师，在大学生思想政治教育方面应当有所作为，也能够有所作为。

二、高校教师对大学生进行思想政治教育的方法与途径

每个高等院校的教师都肩负着教书育人的责任。高校教师要做好学生的思想教育工作，应当在“正”“高”“精”“勤”四个字上下功夫，做好以下方面的工作：

（一）敬业修德，笃信力行

要做好大学生的思想政治工作，对他们进行理想前途教育，教师首先要具有坚定的政治信念和较高的政治素质。为此，要加强自身的师德建设。师德就是教师的职业道德。教师所面对的不是冷冰冰的无生命的物体，也不是普通的动物或植物，而是具有高级思维能力的生命体。教师的天职是教书育人，具体些说，是把自然的人培养成有知识、有文化、有益于社会的人。因此，人们常说：“教师是阳光底下最崇高的职业。”由于教师职业的特殊性，人们往往对教师有较高的要求，希望从事教师职业的人比从事其他职业的人具有更高的道德水准。

古人以为“尊严而惮，可以为师；耆艾而信，可以为师；诵说不凌，可以为师；知微而论，可以为师。”教师的师德不是与生俱来的，而是在教学实践中培养出来的，是在不断建设中积累起来的。我们要不断加强自身的师德建设。为此，首先要突出一个“正”字。所谓“正”就是指教师应当具有正确的思想，为人正派，品质高尚。《荀子·修身篇》说：“礼者，所以正身也；师者，所以正礼也……夫师，以身为正仪，而贵自安者也。”扬雄在《法言》中说：“师者，人之模范也。”我们现在也常用“身正为范”来概括教师这个职业。

教师是人类灵魂的工程师，是学生成长的引路人，肩负着对学生进行言传身教的使命。我国自古就有选择良师益友的传统。在古人看来，“人虽有性质美而心辩智，必将求贤师而事之，择良友而友之。夫达师之教也，弟子安焉，乐焉，休焉，游焉，肃焉，严焉”。教师的言谈举止对学生有耳濡目染、潜移默化的作用，甚至可使学生受益终身。因此，社会上有“身教重于言教”的说法。这就在客观上要求教师时时处处用模范的言行去影响学生、教育学生。

（二）博学多识，学而不厌

教师影响力的大小主要取决于他的人格魅力和学识水平。这就要求教师必须时时处处

用模范的言行去影响学生、教育学生，用较高的学识水平吸引学生。一言以蔽之，要突出一个“高”字。“高”是指教师应当具有较高的学术水平，知识渊博，“学而不厌”。教师最主要的任务是“授业”，即把相关的专业知识和技能传授给学生。没有学问的人不能很好地给学生“授业”，算不上真正意义上的“老师”。教书的过程也是学习的过程，如南宋学者陈栎所言：“教人读，即是我读；教人做文字，即是我自做；教人解书，即是我自解；教人熟而记得，即是我自熟自记得，教人便是自学。如此力行，不特人有长进，我亦自有长进。”但作为教师必须及早掌握相关知识：“教人读书，今虽不必尽解，然我却不可不自晓得。须是每日随人所上之书，逐段自检看，解得晓得。不可徒读其句读，而不晓其道理，如和尚念经也。”教师具备坚实的基础知识、精深的专业知识和较高的学术水平，能使学生产生一种信赖感，增强学习的积极性。否则，必然影响教学效果。

古往今来，凡是在教学方面成绩突出的名师，都是学术造诣较高的学者；而那些不称职的教师，则往往与其学养较差有一定的关系。所以，教师在教学过程中，具备坚实的基础知识、精深的专业知识和较高的学术水平，能转化为一种很强的人格力量，去激励、鞭策学生。

（三）精益求精，诲人不倦

教书育人学问很大，需要教师精益求精，做到一个“精”字。这里所说的“精”是指教师应当具有精湛的教学技能，循循善诱，“诲人不倦”。教学是一门艺术。教师要向学生“传道、授业”，仅有学识是不够的，还必须熟悉一定的教学理念，掌握一定的教学方法和手段。

《礼记》上说：“君子知至学之难易，而知其美恶，然后能博喻；能博喻然后能为师。”孔子就是“循循然善诱人”的教育家。《道部·卷一》云：“得道度世，莫不由师也。学之有师，亦如树之有根也。大智既成，复能成就小智，犹树根生子，子复能生根，展转相生，种类不绝……所以然者，论议言说，为人模范，师不明道，焉能解疑难也?”不精通教育理论，不熟悉教学方法，不懂得教学艺术，是不可能当好教师的。

（四）勤奋工作，乐于奉献

作为一名大学教师，要真正把学生的思想政治工作做好，还得做学生的良师益友。而要成为学生的良师益友，首先要热爱学生。从某种意义上来说，热爱学生就是热爱教育事业。但热爱学生并不是一件容易做到的事，让学生体会到教师的爱就更加困难。因为教师对学生的爱，从本质上说是一种只讲付出不求回报，是一种无私的、没有血缘关系的爱，是一种严慈相济的爱。这种爱是极其神圣纯真的。这种圣洁的爱是教师培养学生的感情基础，学生一旦体会到这种真情友谊，就会“亲其师、敬其师”，从而“信其道”，也正是在这个过程中，教书育人就实现了其根本功能。而要做到这一点，教师就必须做到一个“勤”字。

“勤”是指教师应当具有勤奋的作风，敬业爱岗，乐于奉献。学生的情况是千差万别的，教师要做到“因材施教”并不是一件容易的事。在日常的教学工作中，教师要延纳后进，甘为人梯，处处为学生着想，勤奋努力，开拓进取。人总有长处和短处，所谓长善救失，就是针对各人的具体情况扬长补短。而要做到这一点，就必须关爱学生，乐于奉献，勤奋工作，比常人付出更多的劳动。

三、从事大学生思想政治工作应注意的问题

对大学生进行思想政治教育并不是一件简单的事，而是一项长期艰巨的系统工程。大学专业教师在对大学生进行思想政治教育时，不仅要掌握切实可行的方法和途径，而且要注意一些具体的问题。

第一，不要把专业课上成政治课，不要进行空洞的政治说教。大学课程众多，内容不同。即以人文社会科学而言，所开设的学位课、必修课和选修课数以百计，各门课程的教学目标都是有所不同的。再拿历史学科来说，有中国史、世界史，有通史、断代史，还有专门史，各类课程加起来达七八十种，每门课程都有它的教学任务。如果脱离了课程的教学内容，脱离了教学的实际，而在课堂上用大量时间空洞地去谈“政治理论”，势必会影响教学效果，甚至引起学生的逆反心理。这样是绝对不会收到好的效果的。

第二，要努力发掘专业课程中的思想宝库，把马克思主义的基本原理与课堂教学的实际内容结合起来。每一门课程都有可以用来对大学生进行思想教育的素材。比如历史课程中就有十分丰富的教学资源，可以用来对学生进行情感、态度、价值观方面的教育。历史上有许多出类拔萃的人物、风雷激荡的事件，都是对大学生进行思想教育的好资料。实事求是地分析历史问题，也可以使学生形成马克思主义的历史观，树立正确的人生信念。比如深入发掘中国近现代史的思想宝库，就可以给学生讲清“没有共产党就没有新中国”的道理，就可以使学生理解把马克思主义基本原理与中国革命的具体实践结合起来的必要性，以及走“有中国特色社会主义道路”的正确性。

第三，要延展课堂教学的内容，把思想政治工作落实到课堂内外。课堂教学的时间是有限的，专业教师绝不能上完课一走了事。要通过多种方式与大学生建立经常性的联系，了解大学生的学习、生活和思想状况，根据大学生的不同情况，采取灵活多样的方式，进行恰当的思想政治教育。现在有些大学设立了本科生导师制，这是一个很好的举措，不仅有利于教师实施“授业”的目标，也有利于教师对学生“解惑”和“传道”。只有建立起

良好的师生互动机制，并且长期坚持下去，专业教师对大学生的思想教育工作才能收到良好的效果。

第二节　大学生思想政治教育中辅导员的工作定位与师德建设

一、高校辅导员的职业特点与角色定位

（一）高校辅导员的职业特点

1. 政治性

辅导员是大学生健康成长的引路人，其主要工作是做学生的思想政治教育工作，保证培养的学生具有坚定的政治品质，把他们培养成中国特色社会主义事业的建设者和接班人。这就要求辅导员自身政治素质要过硬，要时刻与党中央保持一致，有坚定的政治信仰、政治原则、政治观点、政治态度、政治立场和政治方向，在大是大非面前不糊涂，态度鲜明，时刻保持清醒的头脑，特别是关键时候更要站稳立场，不清楚、拿不准的事情要及时请教、学习，不能随波逐流。这是对辅导员最基本、最重要的要求，每个辅导员必须做到。中共中央2004年《关于进一步加强和改进大学生思想政治教育的意见》中明确规定："所有从事大学生思想政治教育的人员，都要坚持正确的政治方向……在事关政治原则、政治立场和政治方向问题上不能与党中央保持一致的，不得从事大学生思想政治教育工作。"

2. 教育性

辅导员是大学生教育工作的主要实施者之一，主要对大学生进行世界观、人生观、价值观的教育，使其学会如何做人、如何做事、如何做学问的道理和方法，通过灌输和引导，培养学生成为有理想、有道德、有文化、有纪律的"四有"新人。辅导员在实施教育的过程中更应该注重"身教"，辅导员自身的一言一行对学生更具有直观示范作用，榜样的力量能够引导、启发学生去模仿，能够增强学生抵制外界干扰的能力，有效控制和调整自己的行为，实现自我教育，人们常说，什么样的辅导员就培养出什么样的学生。

3. 服务性

做任何一项工作，都应当首先明确工作究竟是为了谁、服从谁、服务谁的，明确了工作的宗旨、性质才能更好地保证工作的正确开展。确立服务性是辅导员工作的根本属性，

有利于辅导员工作到位，充分发挥辅导员的保证作用，不是被动等待学生寻求帮助，而是主动关心学生，积极为学生解决实际问题和困难，保障学生正常的学习、生活。确立服务性是辅导员工作的根本属性，有利于继承和发扬中国共产党的优良传统、发挥思想政治工作上的优势、提高思想政治工作的威信。长期以来，有人将思想政治教育工作当作整人管人的工作，明确了学生工作的服务性特征，就从本质上划清了两者的界限。

（二）高校辅导员的角色定位分析

1. 党的政策的宣传员

做好党的政策宣传员工作，要求辅导员首先具备良好的思想政治素质和较高的马克思列宁主义理论水平和政治水平，有较强的政策辨别能力；其次，面对新形势、新任务、新要求时，对大学生进行思想政治教育要坚持以正确的舆论导向，以大学生全面发展为目标，以思想人格培育为抓手，贴近实际、贴近生活、贴近学生，努力提高思想政治教育的针对性、实效性、吸引力和感染力，将宣讲工作做到学生的心里去。

2. 党委工作的信息员

信息员的主要职责是为所在单位做好信息的收集、整理和分析工作，为所在单位党政领导决策提供及时可靠的信息参考。作为高校辅导员，也必须当好党委工作的信息员，为大学生培养和学校的安全稳定做好信息服务工作。

3. 大学生的人生导师

辅导员是特殊的教师，是学生灵魂的工程师，辅导员就是辅导老师，就是要用自己的知识、经验和感悟辅导学生，做好专业课程教育之外的日常思想政治教育工作。特别是在大学生世界观、人生观、价值观形成和变化的关键时期，辅导员发挥着特别重要的教育和引导作用。

4. 大学生健康成长的知心朋友

辅导员就是要跟大学生打成一片，做知心朋友。做知心朋友，才能深刻了解青年学生，才能正确辅导青年学生，才能教学相长，才能做好青年学生的人生导师，才能做好学生教育和管理的工作者、组织者和引导者。

二、高校辅导员的思想政治教育工作原则与方法

（一）高校辅导员思想政治教育工作的一般原则

1. 以人为本

高校辅导员要以人为本，真正做到关心学生的成长，对学生认真负责。当前的教育要

满足学生的当今需求，又要不损害学生今后的需求，既不能以损害学生不断发展的能力为代价做工作，又要以学生可持续发展为出发点和归宿，着力培养学生一种不断学习和持续发展的素质，为学生将来发展奠定基础。高校辅导员对学生的思想政治工作不能仅仅是长期以来面对面“说教式”的工作。思想政治工作归根结底是做人的工作，高校辅导员在工作中必须以科学发展观为指导，在以人为本为核心内容的前提下，进一步加强和改进高校思想政治教育工作。要在学生思想政治教育工作中贯彻科学发展观，坚持以人为本这一核心内容，高校辅导员首先要充分尊重学生在学校的主体地位，相信学生、依靠学生，站在学生的立场上为广大学生谋福利，理解学生、关心学生，尊重学生的人格和创新精神。

从人文关怀的角度来说，高校辅导员工作要体现以人为本的思想，要尊重学生心理及人格发展的规律，可以采用最为贴切的外在形式来适用现有的政治思想教育内容，再结合自我教育，及细致入微的渗透教育来达到教育的最终目的。辅导员的工作目的不仅要管住学生，而且要帮助学生，引导学生树立明确而坚定的政治目标，具备良好的政治素质、正确的方法论，具有奋发向上的精神状态，能正确处理个人、集体、国家三者之间的关系，懂得做人做事的道理。

2. 解决思想问题与解决实际问题相结合

要贯彻解决思想问题与解决实际问题相结合这一原则，辅导员就要深入细致地了解学生中存在的实际问题和困难，要多关心有困难的学生，克服不负责任的工作态度。在切实帮助学生解决实际问题的过程中，尽全力及时帮助学生解决问题，如果遇到难于解决或不能解决的问题，也要给学生说明实际情况和原因，给学生把道理讲清楚，那么学生一般也会理解辅导员的工作。辅导员在帮助学生解决实际困难时，要帮助学生正确地认识困难，激发他们克服困难的勇气，使他们树立信心，正确处理好各种问题，从而解决好学生的思想问题，增强对学生思想政治教育的实际效果。

3. 因材施教

近些年来，我国各高校已形成了一支素质高、能力强、年轻化、知识化的思想政治教育工作队伍。然而随着国际、国内环境和高等教育事业的变化和发展，高校辅导员对大学生进行思想政治教育的内容和形式都发生了深刻的变化，这就要求高校辅导员要深入学生实际，结合学生特点调整工作方法，遵循因材施教的原则开展大学生思想政治教育工作。

首先，高校辅导员要树立正确的教育观、质量观和人才观；不断提高思想政治素质和业务素质，教书育人，为人师表，敬业爱生，要与学生平等相处，尊重学生人格，因材施教，为全面推进素质教育提供基本保证。高校辅导员要做好管理育人工作，全面提高学生的综合素质。其次，高校辅导员还要树立服务育人的观点，做到以人为本，学生第一，一切从学生的根本利益出发。

大学生是思想活跃的群体，通过对社会进行初步的接触，逐渐形成了他们的世界观和人生观，但在日益激烈的竞争中，他们对未来又充满着困惑和迷茫。高校辅导员要在充分了解学生的基础上，关注学生的纵向发展，理解并尊重学生发展中的个性差异。在对学生开展思想政治教育工作时，可以针对不同学生的心理特点，用形式多样的教育方法和手段取代传统的说教式，将会收到良好的效果。比如，针对目前大学生普遍存在政治素养不高的情况，辅导员可以通过定期对学生党员开展政治理论学习、对全体学生开展知识竞赛等形式，寓教于乐，让学生在学习和竞赛的过程中感受到辅导员所要传达的思想；可利用形势与政治课的时间，引导学生保持正确的思想政治方向，帮助学生树立正确的人生观和价值观。

4. 精神与物质奖励相结合

首先，实行辅导员岗位分级制。学校可根据辅导员岗位的实际情况将辅导员岗位分为几个等级，并与教学岗位、实验室岗位和行政岗位并列执行，每个等级制定相应的任职条件、岗位职责、考核标准和相应的岗位待遇。在明确辅导员工作岗位职责的同时，保证辅导员合理的工作待遇。

其次，严格辅导员工作的考核管理。要制定辅导员工作条例，完善辅导员评价和奖励制度，坚持定性考核与定量考核结合，平时考核与年度考核结合，上级评价、辅导员互评、学生评价与自评互评结合，并将考核结果与职务聘任、个人奖惩、晋级等直接挂钩，把优秀辅导员的表彰奖励纳入教职工表彰奖励之中。目前大部分高校的学生处每年都要进行全校先进辅导员和优秀辅导员的评选，并给予表彰奖励。

最后，建立和完善辅导员工作的激励机制。在严格考核管理的基础上，建立辅导员工作激励机制，给辅导员创造更多的进修培训机会，并形成合理的流动机制。辅导员队伍是高校管理干部队伍的后备力量，各高校要加大辅导员培养和锻炼的力度，推荐优秀辅导员到重要岗位任职，使辅导员队伍形成合理的流动机制。合理的激励和流动机制能保持辅导员队伍的活力，拓宽辅导员队伍的职业发展空间，有效地激发整个辅导员队伍的工作积极性。

（二）高校辅导员思想政治教育工作的方法

1. 树立职业理想，减少情绪波动

职业生涯规划将贯穿辅导员整个职业学习的全过程，通过对辅导员进行职业生涯规划的指导，可以引导辅导员树立正确的职业理想，提升自己的职业品位；可以在心理上提供一个大的优势，减少许多焦虑与情绪波动，使辅导员能够掌握自己的方向，增加自信和自主的能力，不易受到别人的干扰。只有真正将辅导员工作视为一种高尚崇高的教师职业，加强辅导员的职业道德建设和师德教育，才能从根本上解决辅导员“角色缺失”的问题，也才能真正从“进入之初”就选拔到真正愿意献身辅导员工作的高素质的人才，做到“高进”。

2. 设定职业目标，确保高效工作

职业生涯规划中的一个重要环节就是根据自身的主客观因素设定职业发展的各时期目标，要帮助和指导辅导员从自身的条件到社会的条件进行综合的考虑，引导其正确选择各个阶段的工作目标，避免辅导员承担大量的事务性工作，出现“打乱仗”的现象，使其从容地掌控辅导员工作、生活，并使生活与工作的效率更高。在此基础上，通过将管理科学中的“目标管理”理念引入辅导员的职业目标设定之中，确保辅导员管理体系的有章可依，做到“严管”。

3. 增强职业技能，发展综合素质

进行职业生涯规划，最重要的意义在于充分发挥辅导员的主体意识，使辅导员真正从工作的角度出发，明确自身发展到底需要哪些条件，从职业技能培养的角度出发，真正为职业发展学习和工作。相应地，学校结合辅导员的职业生涯规划要求，给予辅导员一定的继续学习和培训机会，在科研资金和物力上给予支持，为辅导员增强职业技能打基础，有利于增强职业技能的实践、培养和综合素质的提升，做到“精育”。

三、高校辅导员的师德建设及其对策

（一）高校辅导员师德建设的内涵

师德即教师的职业道德，是指教师在其职业生涯中，调节和处理与环境、学生、工作的关系所应遵守的行为准则和规范，以及在此基础上所表现出来的观念、认识和行为品质。

高等学校的根本任务是培养国家建设所需要的各种专业人才。它是两个方面培养的有机统一：培养人与培养才。培养才的任务是通过开设若干门课程，由若干专业教师通过课堂教学来负责完成的，主要体现为对学生的专业学习进行专业指导；培养人则主要是通过规定若干品质指标，主要由学生辅导员通过深入大学生的学习生活，对每一个学生的言谈举止进行引导，通过重大活动的策划、校园文化的建设等对学生的价值观、人生观进行点滴熏陶来负责的。合格的人才首先要是一个合格的人，这使高校学生辅导员被赋予更为崇高的责任和使命，所以探讨如何从“铸人铸魂”上着眼、如何从为师者“师范端严，学明德尊”上着手加强师德建设有着重要的意义。

（二）高校辅导员师德建设的加强对策

1. 以生为本、敬业奉献

随着高校扩招、学生人数激增、学分制推广、网络进入校园、就业方式转换、后勤社会化等高校体制改革的不断深入，学生的学习场所、学习方式和思想观念都发生了变化，传统的学生管理模式已不适应新形势的发展，种种新情况、新问题都迫切要求学生工作要探索新的工作机制，即以学生为本，从学生的内在需要出发。引导学生把个人成才目标与学校教育目标统一起来，最大限度地激发学生内在成才动力，把工作实实在在放到“育人”的工作价值目标上来。在此过程中，“以生为本、敬业奉献”成为新时代辅导员师德建设的重要内涵，也是区别于其他教育工作者的重要标志之一。

2. 具备事业心

在辅导员队伍中，大家都同意这样一个说法：干辅导员是个良心活。有人只把它作为一项工作，有人却把它当作一项事业。其中的差别不言而喻，对学生的教育引导效果也是有天壤之别。产生这种差别的实质在于事业心，事业心就像一把尺子，公平地丈量着每一位辅导员的师德水平。因此，提高辅导员队伍的社会地位，激发和保护他们的岗位荣誉感和敬业、乐业的精神，肯定他们劳动的作用，认同他们在育人过程中体现的价值，这些都成为制约师德水平整体提高的决定因素。只有这样，才能使这些活跃在育人一线的教育者摆脱尴尬处境，受到尊重和羡慕，在工作中真正焕发出激情和创造的火花。

此外，在高校辅导员师德体系中，事业心虽属于师德意识或思想的范畴，却可以通过师德行为表现出来，因此在体系建设过程中，也可以通过规则、规范或纪律量化，丰富师德实践操作环节。

3. 加强理论学习，提高理论水平

辅导员工作是一项思想性、政策性和实践性很强的思想政治教育工作。时代的快速发展、知识的飞速更新要求辅导员具备较高的科学文化素养和较为完备的知识体系，这样才会有宽广的胸怀、开阔的视野、活跃的思维，才能把握当代大学生的思想动态及其规律性，才能用科学的理念、科学的精神和科学的方法去指导工作，从而更好地为学生服务。通过学习，深入领会“科教兴国”的伟大战略意义，激励和引导大学生树立崇高的理想、坚定的信念、远大的抱负。倡导辅导员热爱学生，甘做“人梯”，勇于献身于伟大的教育事业。

4. 加强工作制度建设，完善考核与激励机制

学生工作琐碎、繁杂，需要投入大量的精力和时间。应不断规范辅导员的工作制度体系，建立严格而切实可行的辅导员考核制度和激励机制。规章制度对师德具有引导、规范

和巩固的作用。一方面加强制度建设，进一步规范辅导员的工作内容和工作方法，培养辅导员认真、严谨、求实、勤奋的工作作风；另一方面，建立可行的考核和激励机制。增强辅导员工作队伍的稳定性。应拟定辅导员的师德规范，建立可量化、可操作的评估指标体系，从德、能、勤、绩、廉等方面对辅导员进行全面考核。通过各种制度的建立，创造有利于辅导员职业道德形成的优良环境，从而使辅导员能以饱满的热情投入工作中。

第三节　大学生思想政治教育教师团队优化建设与管理分析

大学生思想政治教育教师团队是根据社会主义事业发展的要求，用马克思主义政治观、世界观、人生观、道德品质和法纪意识，向高校职工和学生进行有目的、有计划、有组织的教育活动，以提高高校教职工和学生思想道德素质的人，是实施高校思想政治教育的主体。从广义来说，高校思想政治教育队伍是高校思想政治教育者的集合体，包括高校的全体党员、干部、教师等；从狭义来说，高等学校思想政治教育队伍则是指由受党组织正式委托从事高校思想政治教育的人员组成的群体。高等学校思想政治教育队伍是高校思想政治教育的主体，在高校思想政治教育工作中发挥着十分重要的主导作用。

2019 年 3 月 18 日，习近平总书记在学校思想政治理论课教师座谈会上强调："办好思想政治理论课关键在教师，关键在发挥教师的积极性、主动性、创造性"。"思政课教师，要给学生心灵埋下真善美的种子，引导学生扣好人生第一粒扣子。"

2020 年，教育部印发《新时代高等学校思想政治理论课教师队伍建设规定》，明确指出思政课教师是高校教师队伍中承担开展马克思主义理论教育、用习近平新时代中国特色社会主义思想铸魂育人的中坚力量。高校是培养中国特色社会主义事业合格建设者和可靠接班人的重要场所，如何深入学习传播中国特色社会主义思想，守住守好意识形态安全阵地，成为学生知识的传授者、信仰的引导者和思想的解惑者，除了高校思想政治理论课教师作为中坚力量外，其他参与高校思想政治教育工作的工作人员也发挥着重要作用，因此，建设一支政治强、情怀深、思维新、视野广、自律严、人格正的思想政治教育队伍具有重要意义。

一、大学生思想政治教育队伍及其建设意义

（一）思想政治教育队伍概述

1. 大学生思想政治教育队伍的定义

大学生思想政治教育队伍是对高校学生进行思想政治教育、价值观念引导的一线教工队伍。他们对思想政治教育的实施提供了有效的保证，也是我国高等学校教育中必不可少的重要组成部分。与高校中的其他专业教师相同，大学生思想政治教育队伍也需要引导学生学习新知识，并且肩负着为高校培养新时代优秀大学生的使命，承担着培养高素质、思想意识端正的当代合格人才的责任。

大学生思想政治教育队伍通常是某所高校中负责学生思想引领、观念树立、德育教育的教工群体，担负着引导学生提升思想道德意识的一种工作团体，并且大学生思想政治教育队伍中的组成人员需要做到相互制约监督，加强彼此沟通力度。主要从两个层面来看待：其一，高等教育的最终目的也是当前我国高校的工作理念，是一切为了学生，那么大学生思想政治教育队伍也需要秉承这一观点思想来促进教职员工的全面发展，通过思政教师的共同努力来提升学生的思想意识水平，以此来积极响应新时代对大学生思想政治教育队伍的要求。其二，在高校中的教育工作者都有着不同的工作内容，有负责高校教学科研的专业教师，也有负责行政管理的政工干部，而思想政治教育工作者则主要负责高校学生日常思想行为以及道德方面的培养。大学生思想政治教育队伍的主要目标也是为了在最大限度上促使学生的思想意识上升新高度，行为水平达到有效的提升。

2. 大学生思想政治教育队伍的构成

国务院曾指出，我国大学生思想政治教育工作队伍的主要成员是学校的党政干部、思想政治学科的相关教师以及社会科学课教师和辅导员。每个成员都有自身所要负责的内容，主要体现在组织、协调、实施等工作，各个组成人员需要做到各司其职，通过加强沟通以及相互配合来有针对性地展开思想政治教育活动。当前也有越来越多的高校致力于建立一种老中青相结合的哲学社会科学学科的思想政治教育队伍，从而使哲学、社会学等学科理论知识在高校对学生进行教育中发挥出最大的价值，促使高校师生都能够积极明确正确的政治方向，通过加强其思想道德修养来认真贯彻履行新时代背景下大学生思想政治教育队伍的新任务。

因此，新时代大学生思想政治教育队伍主要由以下几部分构成：

首先是领导团队，这一团队中主要是由高校负责思想政治的书记以及党政工团部门的领导和学工部领导所组成，履行着监督管理的职能，作为高校整体思想政治道德建设的风

向标，其行为举动都是高校师生的学习效仿标杆。那么，提升高校思想政治教育领导团队的素质对提升高校学生的思想道德水平有着直接的作用。

其次是教师队伍，其中包括思想政治理论教师、哲学社会科学课教师、心理咨询教师。教师队伍作为学校教育的中流砥柱，对学校建设的兴衰起着举足轻重的作用。教师队伍肩负着高校思想政治教育工作的管理职能和教育职能，教师队伍需要做到言传身教，严于律己。作为高校思想政治教育工作的主要践行者，还需要积极帮助引导学生确立正确的思想，树立有意义的价值观和人生观。

最后是辅导员团队。随着近几年高校的扩招，学生数量激增，以往的领导团队以及教师团队的人数不能很好地满足现有学生的需求。随之产生了辅导员队伍，辅导员是与学生在日常学习生活中接触最多的教工群体，负责学生的教育、管理、指导工作，是学生思想政治教育最直接的执行者，也是大学生思想政治教育队伍的骨干力量，能够理解领会高校党政领导的指示和精神，并付诸实践。辅导员借助年龄的优势走入学生的生活，与学生成为朋友，更有效地与学生展开沟通交流，从而更有效地开展高校的思想政治教育工作。

3. 大学生思想政治教育队伍的特点

当前我国大学生思想政治教育队伍的特点主要体现在以下几方面：

首先是决策性。大学生思想政治教育队伍需要具备决策能力且在实际政治教育中做出正确的决策，由于高校思想政治教育工作是一种复杂且涉及较多环节的工作，需要管理者能够选择最优的理想方案来保证高校思想政治教育工作的有效执行。特别是作为高校思想政治教育管理的核心，其组织决策控制都是围绕这一决策开展的，决策性能够促使整个工作的开展具有先进性和时效性。

其次是管理性。大学生思想政治教育队伍中的管理性体现在对所做出的决策进行严格的落实，并对工作目标中的人力、物力、财力等进行分解，促使大学生思想政治教育队伍中的工作人员都能够在科学严格的管理下各司其职，做好自己分内的事情。除此之外，大学生思想政治教育队伍的管理性是决策的延伸化和具体化，可以促使决策的顺利实施各种决策，作为高校思想政治教育工作的具体行动纲领，对具体的工作提出了规范条件和约束条令。

最后是领导性。一些经济管理学家曾直言，从某种角度上来讲，领导便是管理。只有大学生思想政治教育队伍充分发挥领导性，才能促使其教育目标的合理实现，才能保证高校行政、业务以及后勤等各个部门之间都能够做到相互配合，统一调配。那么，大学生思想政治教育队伍中的管理者需要结合当前的局势以及新时代赋予大学生思想政治教育队伍的要求来提出切实可行的工作任务，通过提升自身思想意识水平和专业的领导能力来带领大学生思想政治教育队伍得以发挥出先进性和专业性。

（二）大学生思想政治教育队伍建设的意义

正确把握新时代赋予大学生思想政治教育队伍的新使命，能够进一步明确大学生思想政治教育队伍建设的目的及意义，只有把握好新时代对思想政治教育队伍提出的新要求，才能为这支队伍建设的发展指明方向，做到紧跟新时代步伐。

1. 新时代赋予大学生思想政治教育队伍的新使命

在党的十九大报告中曾明确指出我国已进入了新时代，这也是我国发展的新方位。习近平新时代中国特色社会主义思想作为马克思主义中国化的最新发展成果，更是中国特色社会主义理论体系的关键部分，也是全国人民为积极实现中华民族伟大复兴而为之奋斗的重要行动方针。而高校思想政治教育伴随着中国特色社会主义的建设更是迈向了新的征程，也需要在新时代积极履行党和国家对大学生思想政治教育队伍提出的新使命。习近平指出，思想政治工作从根本上说是做人的工作，必须围绕学生、关照学生、服务学生，不断提高学生思想水平、政治觉悟、道德品质、文化素养，让学生成为德才兼备、全面发展的人才。主要体现在以下几个方面：

首先，当前的大学生思想政治教育队伍需要应用习近平新时代中国特色社会主义思想。高校思想政治教育工作者需要积极深刻地认识新时代中国特色社会主义的思想地位以及精神实质，真正弄懂其中所蕴含的深刻哲理，还要认真学习贯彻“三个代表”重要思想以及科学发展观，通过牢记习近平新时代中国特色社会主义思想来充实武装自己的头脑，从而将正确先进的思想灌输给广大的高校学生。

其次，大学生思想政治教育队伍需要积极履行新时代所赋予的价值使命，积极培养学生的社会主义核心价值观。高校思想政治教师需要明确培养高校人才的定位，将社会主义核心价值观融入授课的始终，促使学生能够内化于心，达到情感认同并且外化于行，通过行为活动积极地体现出思想政治内容，以此来加强培育社会主义核心价值观的实践成果。

最后，大学生思想政治教育队伍需要积极履行新时代所赋予的重要使命。大学生思想政治教育队伍需要从引导学生树立正确的意识观念入手，通过积极展开理想信念教育来深化中国特色社会主义教育宣传，从而培养学生的爱国心理。与此同时，还要积极实施学生的爱国教育和道德教育，发挥道德典型的示范作用来营造出尊老爱幼、孝敬父母、忠于祖国、忠于人民的良好高校氛围。除此之外，还要积极践行立德树人的根本任务，深刻理解立德树人的内涵，遵循教育规律以及关注高校学生的学习状态和心理思想走向，加强师德师风建设，保证高校思想政治教师的专业能力和思想意识的提升，促使立德树人工作任务能够落到实处。

2. 维护高校稳定，培养合格人才

大学生思想政治教育队伍建设是维护高校稳定的关键。近年来，随着高校的扩招，高校学生的数量逐渐庞大，再加上日益复杂的社会环境更是滋生了高校恶性案件的发生。当前高校恶性案件的时有发生一方面违背了学校思想政治教育内容，不利于培养新时代的共产主义接班人；另一方面更是严重危害了社会安定以及高校的治安，特别是一些恶性案件都是在高校内部发生的，更是给高校其他学生的身心造成了巨大的损伤。那么，大学生思想政治教育队伍建设可以形成校内专业的思想道德教育队伍来对广大的高校学生展开思想道德方面的培养，通过教育以及思想上的渗透来促使学生能够真正地端正心态，树立正确的思维意识，减少危害社会以及校园安全的恶性案件发生。

除此之外，大学生思想政治教育队伍的建设还有利于培养合格的人才。当前我国高校学生普遍都是专业能力达标，但思想意识仍没能达到新时代对高校学生的要求，这就需要大学生思想政治教育队伍来肩负起培养合格人才的责任与使命。要通过专业的教育方式以及成熟的教育手段来不断地引导学生端正自己的态度，从而真正做到提升自身的思想道德水平，做对社会有用的合格人才。

3. 帮助学生成长，进行行为指导

当前我国高校学生正处于校园与社会的过渡期，并且身心尚未成熟，仍然需要正确的思想意识作为引导，从而帮助学生养成正确的意识行为习惯。使学生的思想意识高度达到应有的水平，这也是新时代对高校思想政治教育以及对高校学生的要求。而大学生思想政治教育队伍作为促使高校学生行为规范的重要管理组织，其队伍的管理者可以结合当前高校学生的心理动态以及社会局势和政策的要求来下达思想政治教育任务。思想政治教师以及相关的辅导员还可以深入学生的生活，了解学生生活中的喜怒哀乐以及成长过程中遇到的困惑，在取得学生信任，与学生建立良好的师生关系后，可以以教师和朋友的身份来帮助学生解决成长中遇到的困惑，通过亲身经历来告诉学生在成长中遇到这些困惑需要如果处理才更加妥当，若是不妥善处理则会发生的问题，等等。通过思想政治教师的耐心传授和思想上的渗透来帮助高校学生在成长过程中扭转以往错误的思维模式，从而让正确的行为体现出来。特别是对于在成长过程中做出过激行为的学生，教师更是需要做到重点关注学生心理和身体的动态变化，稳住学生思维情绪，与学生展开亲切友好的谈话和思想教育，积极引导学生从偏激的思想中抽离，从而避免出现过激的言行，造成不良的后果。

4. 及时心理疏导，给予学业帮助

大学生思想政治教育队伍可以为高校学生做出及时的心理疏导，并给予学业上的有效帮助。心态和情绪往往是决定学生学习好坏的重要因素，若是没能端正心态，或是对错误消极的心态没能做到及时调整，不仅会影响学业，更是会造成心理上的阴影。一些高校学生没能及时接受心理疏导，甚至会造成危害身边同学等恶性事情发生。由于当前我国高校学生所面临的学习以及社会压力是巨大的，并且在社会发展局势多元化的今天，特别是近几年文化全球化的冲击以及经济发展的不平衡，全国各地的学生聚集到同所高校中，而高校学生作为思想独立、性格独特的群体，每个学生都有着自己的主见，并且不能轻易被改变，在这一情况下，高校中的纠纷在所难免，还有很多在校学生因为自身和家庭的因素已开始接触社会群体，在这一情况下所面临的困惑会更多。

除此之外，还有很多高校学生的社会经验不足，面对事情的处理方式过于简单甚至幼稚，还有些学生因为性格的原因会较为抗拒将自己遇到的难题向周边的同学和教师倾诉。长此以往，学生内心积压的消极情绪和困惑会越积越多，不仅会严重影响学习，甚至会造成心理疾病这就需要大学生思想政治教育队伍对其进行及时的疏导，并积极给予学业上的帮助。大学生思想政治教诗圣有队伍应该了解高校学生遇到的困惑和难题，通过自身的经验以及正确的思想道德意识来引导学生，帮助学生解决遇到的难题和困惑，通过及时的心理疏导让学生走出思维意识上存在的误区，从而让学生将更多的注意力放在学业上，更好地完成学业。

二、大学生思想政治教育队伍的建设研究

（一）大学生思想政治教育队伍建设的原则

一是增加队伍总量与优化结构的原则。一方面，要加强思想政治工作人才引进力度，提高思想政治教育队伍总量；另一方面，要注意优化思想政治教育队伍结构，以高校发展对思想政治教育队伍需求为基础，逐步改善队伍的结构，包括年龄结构、学历结构、专业结构、职称结构等，形成科学合理的思想政治教育队伍梯队。

二是注重培养开发的原则。充分运用现代人力资源管理开发技术，关注思想政治工作人才职业生涯的发展，为其自我完善和增值提供必要支持和帮助，以思想政治教育队伍建设来促进高校的发展。

三是激励发挥作用原则。以思想政治工作人才的合理使用和潜能开发为目的，建立有效的竞争激励机制，鼓励其在不断为高校发展做贡献过程中实现自我价值。

（二）大学生思想政治教育队伍建设的具体内容

1. 建立合理的高校思想队伍结构

高校思想政治教育队伍的结构，是指高校思想政治教育队伍内部各个构成要素之间相互联系的稳定方式。它是保障思想政治教育队伍的整体性和运行有序性的内在根据。队伍

结构不合理，会使各个要素相互摩擦、相互牵扯、相互抵触，从而使整体功能小于部分之和。因此，高校思想政治教育队伍建设的一项重要任务，就是要建立思想政治教育队伍的合理结构。

高校思想政治教育队伍的结构主要包括角色结构、学历结构、专业结构、年龄结构、职称结构和性别结构等。要优化队伍结构，提高队伍的“软实力”。

首先，要对思想政治教育者的专业结构进行合理配置。合理的知识结构主要指思想政治教育者所必须具备的理论知识、专业知识和辅助知识。理论知识主要是指要具有马克思主义的理论知识，即哲学、政治经济学、科学社会主义、党的建设和党的历史等方面的知识，这是思想政治教育这门学科的理论基础。专业知识主要是指要具有思想政治教育的基本理论和工作业务等方面的专业知识，同时还包括与思想政治教育关系比较密切的心理学、教育学、伦理学、社会学、法学、管理学以及行为科学等专业知识。辅助知识主要是指要具有历史学、语言学、逻辑学、文化艺术以及现代新兴学科等知识，还包括思想政治教育者所在单位的有关科学技术、生产、业务等方面的一般常识性知识。思想政治教育工作政策性、知识性、专业性较强，有着自身的特殊要求，思想政治教育队伍既要有专业知识精通、工作经验丰富的一线干部，也要有善于做党务、行政事务工作的干部。学习和掌握这些知识，可以扩大知识领域，开阔视野，提高知识素养和工作能力，增强实际工作中的主动性、预见性，成为知识比较渊博、运用比较自如的合格的思想政治教育者。新时代思想政治教育者的知识结构，应该是一个开放的动态的系统，要随着社会的发展、知识的更新、工作任务的变化不断充实、更新和调整，从而使自己适应社会历史的发展趋势，更好地胜任思想政治教育工作。

其次，要优化思想政治教育者的年龄结构。要培养和选拔政治坚定、业务过硬、作风扎实、有较高文化水平的中青年同志，充实到高校思想政治教育部门，优化基层思想政治教育队伍结构。同时也要注意发挥离退休老党员、老干部、老教师、老工人、老劳模等老同志的自身特长和优势。

2. 提升思想政治教育者的政治素质

第一，崇高的政治觉悟。政治觉悟主要指个人所具备的理想信念、政治立场和政治观点等。作为一名思想政治教育者，首先，必须具备坚定的理想信念。要胸怀社会主义、共产主义理想信念，增强政治敏锐性和政治鉴别力，在大是大非面前不动摇。其次，必须具备坚定的政治立场。要坚决站在党和人民的立场上，更好地对广大群众进行宣传教育，引导他们坚定走中国特色社会主义道路，为全面建成小康社会、构建社会主义和谐社会而奋斗。最后，必须具备正确的思想观点。要树立辩证唯物主义和历史唯物主义的基本观点，树立全心全意为人民服务的宗旨意识以及群众路线的基本观点，不断提高自己的思想觉悟和认识能力，努力做好本职工作。

第二，优良的道德品质。道德品质是一定社会的道德原则和规范在个人观念和行为中的体现，是一个人在一贯的道德行为中表现出来的稳定的特征和倾向。思想政治教育者必须具备优良的道德品质。首先，思想政治教育者必须树立马克思主义的道德理想，坚持真理，实事求是。其次，思想政治教育者应当自觉地将先公后私、公而忘私、先人后己当作自己的基本道德品质来教育。最后，思想政治教育在很大程度上就是在思想政治教育者的言传身教和示范作用下进行的，作为思想政治教育者，必须做到以身作则、言行一致、表里如一，并且持之以恒。思想政治教育者只有以优良的道德品质出现在人民群众面前，才能得到人民群众的真心拥护，才能在广大人民群众中具有很强的影响力和号召力。

提高思想政治教育者的素质，加强学习培训是一条重要途径。通过组织各种形式的学习培训，帮助他们提高能力素养，增强政治敏锐性和政治鉴别力，增强做好工作的责任感和使命感。

3. 加强思想政治教育队伍的综合能力建设

思想政治教育者必须具备多种能力，主要包括：

第一，组织管理能力。思想政治教育是社会性的教育活动，在思想政治教育过程中，需要组织各种教育力量，以发挥教育合力的作用。因此，思想政治教育者要有较强的组织管理能力，能够协调各方面的力量开展思想政治教育；能够在收集、整理各种思想信息的基础上，制订计划并付诸实施；能够熟练、独立地组织各种思想政治教育活动，如报告会、讨论会、总结会等。

第二，分析研究能力。人的思想认识问题涉及社会生活的方方面面，这给思想政治教育者分析问题、研究问题的能力提出了较高的要求。思想政治教育者必须在正确把握党和政府的路线方针政策的基础上，密切关注社会生活，广泛涉猎各领域、各学科的知识，全面运用政治学、伦理学、统计学等学科的知识，分析研究大学生的思想状况，才能抓住大学生思想认识问题的实质，有针对性地开展工作。

第三，口头表达能力。思想政治教育者应当具备吐字清晰、言简意赅、幽默生动、逻辑严密的口才，能通过报告、讲授、座谈等形式，循循善诱地说服教育对象。要根据不同的场合和对象，充分发挥语言的魅力；能够耐心地、深入细致地开展谈心活动，掌握谈心技巧。

第四，研究新问题的能力。一方面，组织思想政治教育者，以马克思主义为指导，紧密结合现阶段高校思想政治教育的实际，积极开展高校思想政治教育理论研究。通过组织调查研究、总结交流经验、举行专题研讨等各种形式，推动高校思想政治教育者钻研思想政治教育理论，不断提高思想政治教育者个体的理论水平、分析能力和写作能力；另一方面，积极吸收高校、党校、行政学院和社科研究机构中理论水平高、研究能力强的专家学者作为思想政治教育队伍的骨干力量，注重发挥外力外脑的作用，提高思想政治教育队伍整体的研究能力，为新时期思想政治教育的实践提供智力支持和理论指导。

4. 提升思想政治教育队伍的科学管理水平

高校思想政治教育队伍的管理，是指对高校思想政治教育者进行选拔、培养、使用和考核的过程。加强高校思想政治教育队伍的管理，对于提高高校思想政治教育队伍的整体素质，发挥高校思想政治教育队伍的整体功能，保证高校思想政治教育系统的正常运行，都具有十分重要的意义。

第一，做好高校思想政治教育者的选拔。把那些具备从事高校思想政治教育的基本素质，并热爱高校思想政治教育的人，选拔和充实到高校思想政治教育队伍中来。这是建设一支精干的高校思想政治教育队伍的基础，也是高校思想政治教育队伍管理的一项重要内容。

第二，加强对高校思想政治教育者的培养工作。在思想政治教育者的岗前培训、学习制度、导师培训、选送培养、实践锻炼和理论研究等方面形成长效机制。

第三，对高校思想政治教育者的正确使用。正确地使用思想政治教育者，是高校思想政治教育队伍管理的中心环节。要遵循任人唯贤、因事择人、量才适用、特性互补、信任爱护等原则，正确地使用思想政治教育者。

第四，加强对高校思想政治教育者的科学考核。考核是高校思想政治教育队伍管理的又一项重要内容，它不仅是思想政治教育者晋升的依据，也是总结经验、发现问题、奖励先进、鞭策后进所不可缺少的手段。要按照素质考核与业绩考核相结合、组织考核与群众评议相结合、年终考核与平时考核相结合、考核与使用奖惩及职称评聘相结合的要求做好对思想政治教育者的考核工作，把考核的结果，同思想政治教育者的使用及奖惩联系起来。

（三）思想政治教育队伍的基本素质

1. 政治素质

政治素质是指人们从事社会政治活动所必需的基本条件和基本品质，它是一个人的政治方向、政治立场、政治观念、政治态度以及政治信仰的综合表现，是思想政治教育者素质的核心。思想政治教育者的政治素质表现为具有鲜明的政治立场，站在无产阶级和广大人民群众的立场上，坚持党的基本路线，坚持党性原则，有强烈的事业心和高度责任感，要有较高的政策水平，能够率先理解党的政策、掌握党的政策，在政治上善于辨别是非，具有一定的政治敏锐性和警惕性，同时能够树立群众观点，全心全意为人民服务。

2. 思想素质

思想素质是思想政治教育者的基本素质之一，主要包括世界观、人生观、思想作风、工作作风等几个方面。具体表现为：一方面，思想政治教育者要有正确的思想观点，根据马克思主义辩证唯物主义和历史唯物主义的观点，具有良好的思想作风和工作作风，一切从实际出发，坚持实事求是的作风；遵循党的群众路线，平等待人，密切联系群众，坚持公正民主的作风；坚持原则，是非分明，严格要求自己，谦虚谨慎，坚持严于律己的作风。另一方面，思想政治教育者还要具备现代化的、开放动态的、辩证的思维方式，包括现代化的时间观念、效益观念、信息观念以及人才观念。

3. 道德素质

身教重于言教，思想政治教育工作者自己的道德品质如何是一种无声的教育力量。思想政治教育者的道德素质要求表现在：有无私奉献精神、全心全意为人民服务精神，在思想政治教育工作中具有崇高的责任心和义务感，能够严格要求自己，有反省的自觉性。

4. 智能素质

思想政治教育者的智能素质是工作能力和水平的基本标志，是决定工作成败和效率的关键因素。主要表现为以下方面：

（1）知识素质。首先，要具有比较系统的马克思主义理论知识；其次，要具有思想政治教育的基础知识，包括教育学、心理学、伦理学等知识，也包括社会学、人才学、美学等相关学科的知识；最后，要具有思想政治教育的学科知识，包括思想政治教育学原理、思想政治教育方法论等。

（2）智力素质。主要包括：敏锐的观察力、持久的记忆力，以及活跃的思维能力和丰富的想象力，而且要同时具有有效的注意力。

（3）能力素质。表现为具备较强的调查研究能力，分析问题、认识问题的能力，组织实施能力，表达能力，人际关系协调能力，开拓创新能力和自我调节能力。

（四）思想政治教育队伍的培养对策

思想政治理论教育实效性不强，缺乏吸引力和感染力；思想政治教育工作与学习、工作、生活以及受教育者的思想实际结合不紧；思想政治工作与形势发展要求不相适应，少数思想政治教育工作者素质不高，自律意识不强，不能做到率先垂范、为人师表。所有这些都表明，加强思想政治教育队伍的培养是提高思想政治教育实效性的一项极为紧迫的任务。对此，党和国家提出了明确要求。

第一，创造条件以加强实践锻炼。除在日常工作中压担子、加强岗位锻炼外，还要创造条件，增加他们接触社会、了解国情的机会。要定期或不定期地组织他们开展社会考察、社会调查等活动。要创造条件，拨出专项经费支持并组织他们开展新形势下思想政治教育工作的研究。在选拔组织出国考察人员时，要根据出国任务和性质安排这支队伍中符合条件的人员参加。要通过上下交流、岗位轮换、挂职锻炼等多种途径，为他们开阔眼界、增加阅历、提高实际工作能力创造条件。

第二，注重以老带新、新老交流。思想政治教育工作具有较强的实践性，思想政治教育经验十分宝贵；同时，思想政治教育工作又经常面临许多新情况、新问题，需要不断创新。特别是在社会主义市场经济条件下，由于利益主体多元化、分配方式多样化，人们的思想观念的多元化，使思想政治教育面临新的挑战。充分发挥有经验的思想政治教育工作者的“传帮带”作用，以高尚的职业道德、对事业的执着和奉献精神来感染年轻的思想政治教育工作者，用年轻的思想政治教育工作者的大胆开拓进取精神来激发老思想政治教育工作者，是培育思想政治教育队伍，提高思想政治教育时效性的重要方法。

第三，加强职业道德和业务培训。依据有关法律、法规、文件、教师职业道德的基本要求，积极开展多种形式的职业道德教育。在思想政治教育工作者继续教育中，要把职业道德教育放在突出地位，作为必修课程。要加强领导，建立健全对职业道德建设的保障机制，纳入重要议事日程，并列入考察各级领导工作的重要内容，定期对从事思想政治教育工作的干部、思想政治教育工作者进行理论培训和工作培训，使他们及时了解形势任务和党的方针政策，提高政策理论水平。加强对思想政治教育工作者在心理咨询、工作生活指导等方面的基本技能训练，使他们的工作更具有科学性和针对性，不断提高现有思想政治教育队伍的理论水平、业务能力和知识层次。要积极组织思想政治教育学术研讨和经验交流，充分发挥科研机构和科研手段对提高思想政治教育工作者素质的推动作用，为思想政治教育工作者进行理论研究和工作研讨提供保障。

三、完善大学生思想政治教育队伍的管理机制

在新时代的背景下，习近平总书记曾提出“要深化人才发展体制机制改革，最大限度把广大人才的报国情怀、奋斗精神、创造活力激发出来”。高校应当把思想政治教育队伍建设作为学校队伍建设工作的重点来抓，在选拔与招聘、培训与晋升、管理与考评等方面努力完善机制建设，探索出大学生思想政治教育队伍建设的长效机制。

（一）规范准入机制

专业的大学生思想政治教育队伍需要各种严明规范管理机制来约束，促使其队伍呈现出高效建设的态势。那么高校党委书记以及相关管理者需要严格控制规范思想政治教育队伍的准入机制，提升准入门槛，保证入职的思想政治教育工作人员无论在思想意识上还是

专业能力上都能符合其团队建设的需求。在对思想政治理论课教师、辅导员展开招聘的过程中需要对薪资待遇以及工作内容做到实事求是，还要完善招聘环节，在学历以及政治面貌达标后，通过笔试和面试的双重考核来提升招聘的科学性。对于笔试环节而言，内容需要涵盖思想政治教育理论知识、马克思主义理论相关知识等，也可以拟出思想政治教育工作者需要掌握和了解的思政内容和时事新闻，辅导员选拔笔试中还应当有案例分析类型题，考查应聘者解决实际问题的思路、意识、逻辑等综合能力。通过笔试进入面试环节的应聘者则需要接受学校相关领导以及党委书记的共同面试，通过观察其言谈举止和表达能力以及思想意识来衡量应聘教师实际开展思想政治教育工作的能力，从而判断其是否能够通过面试进入到大学生思想政治教育队伍中。通过这一严明规范的准入标准来确保入职人员的基本素质能力、责任意识及工作态度，为思想政治教育队伍的建设注入可靠的新鲜血液。

（二）优化考评机制

高校管理者以及党委书记需要充分意识到考评环节对构建大学生思想政治教育队伍的价值，从而优化考评机制，促使考核过程的严谨、考核内容的恰当、考核结果的真实以及评价的客观性。

首先，大学生思想政治教育队伍的相关负责人需要完善考核内容，结合国务院、教育部对大学生思想政治教育队伍提出的要求以及高校的实际发展情况来制定有针对性的考核内容和考核指标，确保其指标设置的精准性和合理性。定期评估思想政治理论课教师的授课情况、育人情况，评估辅导员的工作开展情况和学生满意度；进一步优化考评制度，从负责学生人数、育人具体情况、科研学术水平、师德师风情况等多维度进行考评，考评体系制定时要广泛征求意见，随着实际工作的变化，要随时更正和调整考评制度，比如时下网络思想政治教育正逐步占领思想政治教育的主阵地，高校就可以将开展网络思想政治教育的方式及效果加入到考评机制当中，使思想政治教育工作者努力的方向紧跟时代潮流。

其次，要保证整个考核过程的真实和透明，选择公平公正的考核人员，客观对待思想政治教育考核，促使考核结果的真实性，在成绩公布后，欢迎接受考核的思想政治教师对考核过程以及评判标准查看，若有异议可以立即向相关负责人反映，等待负责人给出明确的答复。同时，对考核结果通过奖惩机制体现，要让考评结果与职务晋升、职称评定、薪资待遇等挂钩，对于考核成绩优异的教师给予表彰和物质奖励，有利于激励大学生思想政治教育队伍。同时，可以在一些政策上向考评优秀的思想政治理论课教师和辅导员们倾斜，比如一些读博、留学等深造的机会，团校、党校等骨干进修的机会，到地方挂职或其他机关部门借调的机会等。同时，针对考评不达标的教师要予以相应的处罚措施，严重者可以调离思想政治教育队伍，从而提升队伍的专业素质能力。对于考核后的各项评价指标数据也需要做客观的分析和研究，认真分析考核中高校思想政治教育团队中仍存在的不足之处，了解不足的成因，并在后续对思想政治教育工作者培训时着重完善弥补。

（三）健全保障机制

大学生思想政治教育队伍的建设需要内部组成人员思想意识的先进正确以及专业能力的达标，同时更离不开高校有关部门对其队伍建设提供的完善保证机制作为后盾，为思想政治教育工作者的发展晋升保驾护航，解决后顾之忧。因此，高校管理者需要树立正确的意识观念，正视高校思想政治教育工作者对工作的付出和努力以及贡献的价值，提高大学生思想政治教育队伍成员的基本工资，对思想政治理论课教师转变以往与其他专业课教师一样的课时计费待遇，适当地增加课时费，还要注重团队成员的教学效果，按照教学效果以及为学校贡献的价值来计费，尊重教师的精神方面的付出，并以薪资待遇体现出来；对辅导员，适度考虑辅导员利用非工作时间开展活动、处理学生紧急事件的情况，予以加班补助，优化其工作环境，利用网络和其他高科技手段来减少辅导员的工作量，创造较为宽松的工作环境。

与此同时，还要对现有的大学生思想政治教育队伍的成员进行职业生涯规划，结合其成员的性格特点、工作能力以及对未来的期望制订具有可行性的规划，与其成员共同完善职业生涯规划内容，提供较为完善的分流机制，让大学生思想政治教育队伍的成员能够看到这一份工作的前景以及未来的发展方向，也能提升自身的工作效率。

此外，大学生思想政治教育队伍建设的相关负责人需要进一步明确大学生思想政治教育队伍成员的社会地位以及在高校中的地位，扭转以往思想政治理论课教师以及辅导员不受重视的局面，通过网络新媒体平台和召开全校座谈会等方式让全校师生认识到大学生思想政治教育队伍在学校中的地位，从而让思想政治教育队伍的组成人员提升对工作的使命感和自豪感。

第五章　大学生思想政治教育的机制创新

第一节　大学生思想政治教育的管理机制创新

大学生思想政治教育是一个系统而复杂的工程，离不开科学有效的管理机制。进行大学生思想政治教育管理机制的优化，对于调节大学生思想政治教育的各种问题、促进大学生思想政治教育目标的实现十分有利。因此，建设全面、系统、科学的高校思想政治管理机制是非常重要的。

一、大学生思想政治教育管理机制的内涵与特征

（一）大学生思想政治教育管理机制的内涵阐释

何为“机制”?《辞海》的解释是，机制原指机器的构造和动作原理。张耀灿、陈万柏指出，机制的原义是指机器的构造和工作原理，是指机器运转过程中的各个零部件之间的相互联系、相互制约及其运转方式。

于真、严家明指出，机制是指事物在运动中，各相关因素、各组成部分间通过一定的方式进行的联动作用关系等。从上述定义可以看出，机制一词已由最初描述自然科学领域的问题，发展引申为事物的运行原理及功能。现在机制一词已广泛运用于政治、经济、文化、教育等社会领域。

所谓“管理”，字面意思指的是管辖和智力，其实质含义是指为了取得预期的效果、达成一定的目标，根据管理工作的性质及规律，有效整合各种资源和实施各种管理职能，进而动态追求效率的过程。

大学生思想政治教育管理工作是根据高校思想政治的要求，通过计划、组织、控制等，有效利用各种资源，以达到高校思想政治工作预期目标的活动过程。其致力于大学生的思想工作，受认知、情感、意识、精神等多种因素的影响，同时也受社会生产力水平、生产关系性质等的制约。因此，大学生思想政治教育工作属于社会机制，表现出社会中人

与人之间的联结关系。

大学生思想政治教育管理机制则是指大学生思想政治教育管理者在一定的目标指引下，在遵循思想政治教育客观规律的前提下，协调利用各种管理资源，实现思想政治教育整体目标和整体功能的过程。

（二）大学生思想政治教育管理机制的显著特征

大学生思想政治教育管理机制呈现出显著的特征，具体体现在以下几个方面。

1. 大学生思想政治教育管理机制的目标性

目标性是信息化时代大学生思想政治教育管理机制的主要特点之一，它是指大学生思想政治教育管理机制既规定了自身的运行方向和操作指向，也确定了管理活动要达到的结果，是思想政治教育目标的具体化体现。大学生思想政治教育管理机制的目标包含两个方面，一是直接目标，二是最终目标。

直接目标要求大学生思想政治教育管理机制实现科学化，这集中体现为规范化管理、制度化管理和民主化管理的有机统一。

最终目标要求发挥大学生思想政治教育管理机制的社会效用，也就是要求大学生思想政治教育管理机制在社会主义制度下能够帮助大学生认清自己在整个社会和教育系统中的主体地位，并调动学生的主体意识，激发学生的潜能，促使学生全面、自由的发展，同时还要保证高校思想文化建设与中国经济建设、民主建设协调发展，进而促使中国特色社会主义事业全面发展。

2. 大学生思想政治教育管理机制功能的整合性

一个系统的好坏与否，最终会体现在其整体能够发挥的程度上。思想政治教育管理机制是一个非常复杂的系统工程，由多种要素共同组成。尽管系统中各个要素都发挥着各自不同的作用和功能，但在系统运行中则要求它们必须相互协调、共同作用，以适应思想政治教育管理机制整体功能的要求。因此，功能的整合性也是大学生思想政治教育机制的重要特点，它要求大学生思想政治教育机制明确各构成要素的性质以及各要素之间的辩证关系，并对它们进行综合有效的协调，进而使它们始终处于最佳的运行状态，最终实现教育目标。

3. 大学生思想政治教育管理机制的复杂性

大学生思想政治教育管理机制还体现出明显的复杂性。其形成原因有：首先，大学生思想政治教育管理工作的对象是大学生，而大学生思想的多元化和复杂性决定了高校思想政治管理机制的复杂性。其次，人思想观念的形成、思想认知的转变都要经历长期而复杂的过程，而且人在克服旧思想、形成新思想时都是在多次反复中进行的，这些都增加了大学生思想政治教育管理机制的复杂性和难度。再次，随着全球化的不断发展，国际上一些不良的形态也在不断渗透和颠覆学生的思想。所有的这些都决定了我国意识形态领域斗争的长期性和复杂性，也决定了大学生思想政治教育管理机制的复杂性。

大学生思想政治教育管理机制的复杂性具体体现在三方面：第一，构成大学生思想政治教育管理机制的每个要素都是一个复杂的系统，如管理主体、管理方式和管理机制运行的程序、环境、动力等。第二，构成大学生思想政治教育管理机制的要素是不断变化的，如工作内容、管理机制的调整等，固定不变的要素无法适应现代大学生思想政治教育机制运行的需要。第三，大学生思想政治教育管理工作没有固定的模式，体现出一定的不确定性。

4. 大学生思想政治教育管理机制实践的能动性

实践的能动性也是大学生思想政治教育管理机制的一个显著特点。思想政治教育学是引导指示人们形成正确思想行为的科学，其本身是一个动态的实践过程，具有明显的实践特性，是为实践服务的。所以，大学生思想政治教育管理机制也具有实践的能动性，只有在实践过程中，其实效性才能得到彻底的体现。而且，大学生思想政治教育管理机制的能动性也充分体现在思想政治教育管理实践中所具有的自我分析、自我调整、自我创新的主动性和积极性。

二、大学生思想政治教育管理机制的重要作用

大学生思想政治教育机制在提高大学生思想政治素质、协调管理工作中各方关系等方面有着重要的作用。

（一）有利于提高大学生的思想政治素质

现代化社会主义建设对大学生的思想政治素质提出新的要求，要求大学生能够适应新的社会发展形势，做到与时俱进，勇于创新，维护公共利益，弘扬民族精神，推动精神文明的有效发展。而大学生思想政治教育管理机制就为提高学生的思想政治教育素养提供了基本保障，在这一管理机制下，高校思想政治工作的重心在于提升全民族整体素质上，并用社会主义先进文化来指导实现，使师生之间形成良好的互动关系，从而进一步引导学生积极学习法律知识，积极开展德育工作，指导学生以法律和社会主义道德来规范自己的行为，完善大学生思想政治教育体系。同时，将公民道德规范、爱国主义教育等融入教学，在教学中开展讲文明树新风活动，促使学生养成助人为乐、遵纪守法、主动维护国家利益等良好习惯和作风。

（二）有利于协调管理工作中各方关系

大学生思想政治教育管理机制是一个系统化的整体，不仅需要硬件的支持，也需要相关团队的密切配合。大学生思想政治教育管理机制在合理运用物质资源的基础上，将高尚的社会主义思想道德情操与良好的日常行为习惯有机结合，在对各方关系进行协调的过程中确立了学校与社会生产力发展相适应的道德观念以及道德规范，使得教育工作者在人员、制度等方面得到了全方位发展。

随着信息技术的飞速发展，互联网在高校中的使用得到了普及。网络实现了教师与学生、上级与下级、同事与同事之间的有效沟通。在网络教学环境中，大学生思想政治教育管理机制不仅可以在系统内部对学校人员及教育资源起到良好的协调作用，还能在系统外部使学校与社会各界保持密切联系，加强行业之间的合作，实现信息资源共享，加强院校之间的座谈交流提高教师综合素养，并且积极与企事业单位合作向学生提供社会实践机会。在大学生思想政治教育管理机制下，网络的虚拟环境可以与现实环境有机结合，进而可以减少人员之间以及人员与资源之间的矛盾，促使大学生思想政治教育工作有序进行和发展。

三、大学生思想政治教育管理机制的建设与优化

高校思想政治教育管理机制的建设与优化可从加强组织领导机制建设、注重互动机制建设以及强化激励机制建设几个方面入手：

（一）加强组织领导机制建设

一般来说，大学生思想政治教育的组织领导机制不仅应考虑组织机构的设置以及各级教育行政机构的职权划分和相互之间的隶属关系，还应建立起合理的管理制度与管理结构，这样才能对各种相关要素进行优化整合，促进工作的顺利开展。具体来说，包括以下几个部分：

1. 构建大学生思想政治教育三维决策系统

大学生思想政治教育能否顺利推进往往受到很多因素的影响，其中决策是否科学就是一项不容忽视的影响因素。如果决策欠科学，则教育效果会大打折扣；如果决策科学合理，则教育效果会事半功倍。

一般来说，决策的科学性主要取决于三个方面的要素，即视野是否开阔、指导理论是否科学以及是否抓住了主要矛盾。

因此，在对这些因素进行综合考虑的基础上，应构建大学生思想政治教育的三维决策

系统。

（1）决策咨询系统。决策咨询系统是第一个维度，其成员来自以下三个方面：

第一，毕业生代表和用人单位代表。毕业生代表是以往大学生思想政治教育的体验者，用人单位代表则是高校学生培养质量的检验者，他们的意见可为决策提供重要参考。

第二，基层思想政治工作者和相关领域的校内外专家。不论是校内的基层思想政治工作者还是在大学生思想政治教育领域具有多年经验的校内外学者与专家，他们都对大学生价值观念形成与发展的基本规律以及大学生思想政治教育有较深刻的认识，因此他们的观点与看法往往来自实践，具有更强的针对性。

第三，在校学生代表。作为教育对象和服务对象，在校学生代表是大学生思想政治教育的直接对象与直接利益相关者，他们对相关问题有自己的切身体会，他们的感受是进行工作反馈的重要依据。

（2）决策信息系统。决策信息系统由多个要素组成，如信息工作制度、信息传输手段、信息工作机构、信息工作队伍、信息源等。决策信息系统的作用在于为大学生思想政治教育提供信息的传递、存储、加工、收集等相关服务，能够在教育对象、教育执行者与决策者之间进行有效的沟通。具体来说，担任信息传输任务的人员主要包括班级信息员、院系信息员、学校学生工作部门信息员以及学校党委信息调研秘书等。为有效提高对信息的加工利用能力，高校应对信息系统进行持续的改进与调整，从而为大学生思想政治教育的科学决策提供有力保障。

（3）决策中枢系统。决策中枢系统承担着决策、指挥与领导的职责，是拥有决策权的领导所组成的领导核心。正是在决策中枢系统的领导下，决策咨询系统与决策信息系统的工作才得以顺利开展并服务于决策中枢系统，可见三个系统之间是相互配合的。

具体来说，决策中枢系统的人员组成包括负责职业发展教育、心理健康教育以及学生思想政治教育的副部（处）长、团委书记、研究生工作部（处）长、学工部（处）长、分管党委副书记（副校长）以及校长（党委书记）等。决策中枢系统是高校党委的代表，应对高校的德育工作状况与学生思想状况展开定期分析，对相关的政策、任务、方针、思想等重要内容展开相关研究，在对信息进行汇总的基础上实施计划与总体规划的制订。需要特别说明的是，决策中枢系统应实行集体决策制，而决策实施的后果也应由集体来承担。

2. 积极促进组织领导机制的创新

科学的决策离不开良好的组织领导体制，否则将难以取得理想的实际效果。近年来，高校的教学管理模式不断进行着创新与变革，特别是学分制的推广使学生与某个班级、院系之间的隶属关系不再那么明显。在这样的情况下，大学生思想政治教育的组织领导机制也必须进行相应的调整与变革，具体可从以下几个方面入手：

（1）为进行资源的有效共享与整合，可在一些学生较多的高校建立起若干院系间的横向联合，使学生事务能够实现有效的沟通。因此，各高校职能部门可对各院系中的分散资源进行重组，对结构进行优化，从而实现资源的优化配置。特别是工作内容较为庞杂、需要多个院系参与时，这种体制可对学生的需求做出快速反应，实现各种资源、人员之间的有机配合，将工作效率提升至一个新的水准。

（2）一些高校的学生较少，为提升管理效果，可将管理层次予以减少，将管理幅度予以拓展，对中间管理层进行弱化，即采取扁平化运作模式。具体来说，可依据职能的具体分工成立学生活动中心、学生服务中心、就业指导中心、生活指导中心、心理咨询中心、思想指导中心等，对学生的生活、思想与学习提供直接的建议、指导与服务，使学生的就业问题、生活问题、心理问题、思想问题等得到及时有效的处理与解决。相关组织机构不再出现在院系一级，这就使现行的三级管理体制简化为二级管理体制。需要注意的是，可安排辅导员一方面对班级管理工作继续负责，一方面将某个中心的工作承担起来。

（3）高校可尝试建立起功能专一的新机构，这一机构由与学生教育管理相关的原有部门、科室重组而来。此外，高校还可建立若干由直属校党委副书记或副校长领导的中心，如负责社会实践与校园文化的学生活动中心、负责医疗保险与健康预防的健康服务中心、负责咨询服务与心理教育的心理咨询中心、负责人生规划与职业指导的就业指导中心、负责日常行为与宿舍生活的生活与行为指导中心、负责学术咨询与学风建设的学习辅导中心、负责学籍管理与招生的招生注册中心等。此外，还可根据具体需要来建立思想政治教育中心、勤工助学与经济资助中心等。院系层级既可单独设立中心，也可将若干中心合并在一起与学校各中心的职能进行对接。由于机构设置精细，这样的体制有利于在学生事务管理中实现互不重叠、互不交叉的职责单一管理模式，从而使上下一条线，实现左右协调、主从分明的管理效果，使机制的整体效能充分发挥出来。

（二）注重互动机制建设

在传统的教育理念中，教师往往是教学活动的主体，占据着教学的中心地位，而学生是教育活动的客体，处于被动学习的地位。在大学生思想政治教育中，这种现象依然存在。

而这种教学理念与当代大学生思想政治教育所提倡的以人为本、以学生为本的教育理念刚好相悖，这种将学生作为被灌输对象的理念无益于思想政治教育实效性的实现。在新的教育形势下，仅依靠教师的主观教学是不够的，还要提高教学效率，借鉴双向主体理论与互动式教育模式。互动式教育模式不仅注重教师的引导作用，同时关注学生的主体性，提倡充分发挥学生的主观能动性，营造活跃的课堂氛围，在教学中实行互动机制。

第一，实行互动机制要充分发挥教师的主导作用和学生的主体作用。在大学生思想政治教育中，教师是教育信息的编码者、发送者，在互动机制中具有主导作用，是互动机制的源泉。学生是教育信息的解码者、接受者，也是教育效果的最终体现者，在互动机制中具有主体地位，是互动机制的核心和基础。只有同时发挥教师的主导作用和学生的主体作用，大学生思想政治教育才能有效、健康地开展。

第二，实行互动机制要建立良好的学习环境，使学生在愉悦、轻松、和谐的环境中接受思想政治教育。要坚持以人为本的理念，使学生和教育处于平等地位，在平等和谐的氛围中实现教育。在整个教学过程中，教师和学生都要积极主动，教师要积极了解学生，从而引导和启发学生，学生也要积极从教师那里汲取知识。

第三，在互动机制中，教师与学生要相互尊重，实现欣赏式的教育。在教学过程中，教师与学生在政治上、法律上、人格上都是平等的，要做到互尊互重。

第四，在互动机制中，教师与学生之间常会达成一些共识，将这些共识运用于实践，可使学生在实践中体现这些共识，实现体验式教育。

第五，在互动式教育中，互动并不是单向的，而是多向的。多向互动包括教育者之间、教育者与学生之间的关系，也包括教育者、学生与教育环境三者的关系，还包括教育内容、教育手段以及教育方法之间的多向互动关系。在所有的构成因素中，学生始终是最重要的因素，要将学生放在首要位置，重视学生的主体作用。要深入了解和挖掘学生、有效调动学生的主观能动性，使学生真正实现自我约束和自我教育。同时，要探究教育者与学生互动的结合点，以使师生互动更加有效。

（三）强化激励机制建设

激励是管理学中的一个重要概念，是指激发人的动机，使人形成一股强大的精神动力和内在能量，鼓励人朝着所期望目标实施行动的心理过程。

1. 激励机制的重要作用

激励机制可以从内容上对组织或个人发挥作用，所以加强激励机制可更好地促进大学生思想政治教育管理工作的开展。

（1）激励机制能够挖掘学生的潜力，激发学生的创造性。具有内在需求，人才会产生行为动机。实际上，人们都是在“需求-动机-激励-行为”这一个行为过程中周而复始运行的。

激励有自我激励和外因激励两种。当人们的内心渴望得到某方面的满足时，人们就会实施行动来实现这种满足，同时会激发自身的各种潜能来克服在实现过程中的各种困难。

因此，大学生思想政治教育工作者要了解和把握学生内心的需求，并通过一定的方式将思想政治教育的手段、措施与学生的需求相结合，进而使大学生思想政治教育管理机制取得最佳的效果。

（2）激励机制有利于激发学生的学习动力，促使学生形成良好的学风。作为一种教育机制，激励时刻提醒着学生要正视自己的需求，并为此不断付出努力，从而鞭策学生不断学习和提高。

（3）激励机制能够强化大学生思想政治教育管理的效果。激励是理论教育发展的养分，如果没有激励机制，那么理论教育只能停留在意识的层面，无法有效转化为实际行动和最终结果。大学生思想政治教育既要从正面肯定学生行为的正确性，同时也应根据相应的管理机制对学生行为中表现出的积极因素给予精神上和物质上的奖励，从而使学生的思想政治理论向实践成果转化。

2. 激励机制的实施原则

（1）差别原则。这一原则指的是在实施激励机制时要考虑到学生的个体差异，如性别差异、年龄差异、文化差异等对个体行为和激励措施满意度的影响。有些客观因素是与生俱来的，个人无法改变和作用，因此就需要采取一定的激励措施，以使激励机制顺畅地进行。本质上而言，这里的差别体现的是一种社会公平，更是一种对人性的尊重，因此在实施激励机制时应正视学生的个体差异，并采取不同的激励措施，以使激励机制更加有效。

（2）同步原则。这一原则指的是将物质激励与精神激励结合起来，让两者同步进行，以最大限度地保障激励机制的效果。其中，物质激励就是以物质为基础，激发人的内在需求，促使人采取行动，如学校设立的奖学金、见义勇为奖等。精神激励指的是从思想上对人们进行改造，使人们形成一种内在的行为认知以及对这种行为的认可。通过精神激励可使人产生强大的内在动力，保证人们的改造行为持续进行，而且不受外部因素的刺激。单独采取物质激励和精神激励是难以保证激励效果的，需要将两者结合起来，才能确保激励效果最大化和长久化。

（3）适度原则。众所周知，做任何事情都要把握合理的“度”，这是源于生活的基本认识规律。从激励的效果上来看，心理需求与激励手段相隔的时间越短激励的效果就会越好，反之如果二者相隔的时间越长激励作用也就越小。由此可以看出，激励机制的实施要把握一个合理的“度”，不仅要保证时间的合理性，同时也要保证激励手段的合理性，严格遵循适度原则的基本要求实施激励机制。

第二节　大学生思想政治教育的保障机制创新

大学生思想政治教育工作的有效开展，有赖于健全有效的保障机制。简单而言，保障机制就是为了确保某项工作正常地进行所必需的条件。为确保大学生思想政治工作的有序进行，就要完善大学生思想政治教育保障机制。

一、大学生思想政治教育保障机制的内涵与特征

（一）大学生思想政治教育保障机制的内涵阐释

大学生思想政治教育的保障机制是大学生思想政治教育机制的子系统，指的是为实现大学生思想政治教育目标，通过大学生思想政治教育系统内部起保障作用的各要素之间相互制约、相互作用，从而构建而成的工作方式以及管理规范等。

经过高校多年的思想政治教育工作，我国建立起了相应的教育保障体系，但随着国内外社会环境的变化、高校办学规模的变化、大学生思想观念的改变等，大学生思想政治教育也要随之发生变化。因此，在社会不断变化的大背景下，我国必须加强对大学生思想政治教育保障机制的建设和优化，从而使大学生思想政治教育体系更加规范和完善。

（二）大学生思想政治教育保障机制的显著特征

1. 协调性

大学生思想政治教育保障机制是作为整个大学生思想政治教育机制中的一个子系统存在的。合理、有效地处理各个系统之间的关系，确保自身与院校各项工作的协调发展，是大学生思想政治教育保障机制的重要任务和职能。大学生思想政治教育与社会主义精神文明建设有着密不可分的关系，而高校思想政治保障机制能有效建立起学校道德教育与社会主义精神文明建设之间的关系，从而使道德教育与政治教育以及思想教育相互统一、协调发展，进而促使学生的思想政治素质得到全面发展。

2. 整合性

大学生思想政治教育保障机制本身是一个复杂的系统，要想保证该系统处于最佳的运行状态，实现教育目标，就要对整体系统进行协调统一，包括内部工作系统和外部系统。所以，整合性也是大学生思想政治教育保障机制的重要特征之一。一方面，为了保障系统内部的稳定运行，就需要对系统内部构成要素进行协调、整合，确保机制按照既定方向良

好运动；另一方面，大学生思想政治教育保障机制并不是独立运行的，它是一个开放性系统，与外部的要素也有着密切的关系，所以也要不断协调与外部各要素的作用关系，从而取得最佳效果。

二、大学生思想政治教育保障机制的建设

大学生思想政治教育过程中的保障机制能够为教育工作的开展提供有效的保障，主要包括物质保障机制与环境保障机制两个方面。

（一）物质保障机制建设

大学生思想政治教育的物质保障是教育工作顺利进行所必需的基本物质条件，主要包括以下三个方面：

1. 必要的设施、设备与场所建设

缺乏必要的设施、设备与场所，大学生思想政治教育就无法顺利进行。

（1）活动场地。进行大学生思想政治教育时，常常需要开展各种活动，如座谈、报告、讲座等，因此就离不开报告厅、会议室等活动场地。此外，当举办一些大型活动时，还需要一些空间较大的室外公共活动场地。

（2）宣传场所。网络中心、校园广播站、校园电视台、宣传栏、文化长廊、校报等传播媒体是大学生思想政治教育的重要宣传阵地，应加强宣传场所的建设。

（3）办公场所。时代的快速发展使大学生的价值观念受到很多因素的干扰，与学生进行单独交流就显得越来越重要。在过去的很长一段时间内，办公室都是由若干班主任、辅导员共同使用的，当需要与学生沟通思想时往往受到客观条件的限制，所以应开辟出专门的办公场所。此外，就业指导、心理辅导等方面的工作量也呈现出逐年增加的趋势，这也要求开辟更多的办公场所。

（4）办公用品。在当前的形势下开展大学生思想政治教育，工作形式逐渐变得多样化，除各种社团活动与社会实践活动之外，还有录像观看、参观访问、报告讲座等。因此，为便于资料存档，也为了提高教育活动的实效性与趣味性，应配备必要的办公用品，如电脑、打印机、录音笔、摄像机、照相机等。

2. 经费投入

与经济工作相比，大学生思想政治教育往往需要更多的政策扶持与资金投入。高校行政主管部门在日常管理中应对思想政治教育逐年增加财政投入，为其编列专门预算，并采取多种方法保障预算落实到位。具体来说，除日常办公经费外，奖励基金、科研经费、教育培训费、活动费用、基本建设费等都需要得到资金上的支持。

（1）奖励基金。为了对大学生思想政治教育中涌现出的先进事迹、先进个人、先进集体进行表彰，应设立专项奖励基金，从而调动更多参与者的积极性。

（2）科研经费。大学生思想政治教育不是一成不变的，而必须随着形势、环境的变化进行相应的调整。在这样的情况下，提供必要的科研经费有利于思想政治教育工作不断创新，在理论研究、实践调研等方面都取得突破性进展。

（3）教育培训费。大学生思想政治教育离不开思想政治工作者的参与，而他们的工作能力、知识水平对教育效果往往具有决定性影响。因此，应经常性地组织教师参加相关的专题培训会、交流会与研讨会，这也离不开经费支持。

（4）活动费用。为了实现更好的宣传效果，大学生思想政治教育常常需要举办社会实践活动与宣传教育活动，没有必要的经费支持是不可能完成的。

（5）基本建设费。高校应将思想政治教育过程中的基本建设纳入院系的总体建设规划之中，并为其编列专项预算经费，从而为大学生思想政治教育的顺利开展创造良好条件。

为了保障经费来源，高校应探索、建立多渠道的经费投入机制。一方面，可加大资金投入的力度，使传统文化与思想政治教育经费的增长幅度不低于财政收入的增长幅度。另一方面，为了有效补充经费不足的问题，还可多形式、多渠道依靠社会力量来募集资金。

3. 活动基地建设

2017 年 10 月 18 日，习近平总书记在十九大报告中指出："要加快完善社会主义市场经济体制。"社会这片沃土为大学生思想政治教育创造了良好的条件。在新时代，对大学生开展思想政治教育可摆脱原有思维定式，将眼光投放到更加广阔的背景，对各种社会性活动基地进行充分利用，深化教育内容，丰富教育方法，拓宽教育渠道，提高教育效率。

（1）加强素质拓展基地建设。素质拓展不仅有利于身体素质的提升，还能有效调动参与者的积极性。此外，在参加素质拓展的过程中，参与者之间通过相互合作还能提升人际交往能力，培养战胜难关的勇气。各种形式的大学生素质拓展基地应得到高校及各级行政教育主管部门的大力支持。

（2）加强培训基地建设。为全面提升师资培训的实效性与针对性，教育部、各级教育行政部门应建立起培训基地。需要注意的是，培训基地的建立应对当地的实践优势、师资优势、学科优势等进行综合考虑，从而更好地为思想政治教育工作输送更多的优质教育资源。

（3）加强爱国主义教育基地建设。爱国主义教育基地是对广大青年学生进行社会主义教育、集体主义教育、爱国主义教育的场所，旨在通过历史文化知识的传播来增强他们爱党爱国的意识，纪念馆、博物馆是爱国主义教育基地的主要形式。

高校应对爱国主义教育基地进行充分利用，通过基地提供的建筑、文字、图片、影视资料、音频资料等引导大学生树立正确的价值观。需要特别说明的是，在重大历史纪念日与节假日组织的参观访问活动往往能取得更好的教育效果。

（4）加强社会实践基地建设。参加社会实践对于从整体上提升大学生的素质具有十分积极的意义，因而也是大学生普遍欢迎的教育方式。高校、各级教育行政部门应建立勤工助学基地、社区活动基地、部队活动基地、科研实践基地等各类丰富多样的基地，为大学生的社会实践创造良好条件。

（二）环境保障机制建设

大学生思想政治教育的效果还在很大程度上受到社会环境与高校文化气氛的影响。因此，应对环境保障给予充分重视，从社会环境与校园环境两个层面来入手。

1. 社会环境

社会环境既可能为大学生思想政治教育带来破坏性影响，也可能为思想政治教育带来良好的天然土壤。因此，构建和谐的人际关系、确立正确的舆论导向、构建和谐的社会环境、丰富社会的人文关怀就是对大学生思想政治教育最大的支持。

（1）构建和谐的人际关系。人际关系具有很广的范畴，既包括社会关系、工作关系，又包括家庭关系。其中，社会关系又包括与国家的关系、与社会的关系、与集体的关系、与他人的关系等。如果人与人之间能够融洽相处、友爱诚信，家人之间能够相互尊重、相互关爱，社会各阶层团结平等，不同部门、不同地区之间能够形成公正、公开、公平的有序竞争，则人际关系就是和谐的。因此，应建立起促进人际关系和谐、社会良性运转的机制，如生态环保机制、建设养成机制、社会管理机制、利益协调机制等，从而有效化解人际矛盾。

（2）确立正确的舆论导向。为使思想政治教育体系深入人心，应营造良好的思想舆论氛围，充分利用社会科学、文学艺术、广播影视、新闻出版等媒介的导向作用来为和谐社会的建立创造思想理论基础。具体来说，应坚决维护党对舆论工作和新闻事业的绝对领导，应充分发挥思想政治教育对社会思潮的引领作用，建立起为思想政治教育服务的舆论保障机制。

（3）构建和谐的社会环境。应在全社会范围内积极推进和谐文化创建活动，将思想政治教育和精神文明建设有机结合在一起。应动员广大人民群众的参与热情，充分运用各种手段加大传统文化与核心价值观的宣传力度。同时，应加强作风建设，创建活动平台，用群众喜闻乐见的形式开展工作。

（4）丰富社会的人文关怀。所有的工作都应将人的发展作为最终落脚点。换句话说，坚持“以人为本”的方针，改善人类的生存状态，实现人的全面发展是一切工作的出发点与归宿。因此，应将实现好、维护好、发展好最广大人民群众的根本利益置于应有的高度，并将其作为一项基本原则来对工作进行统筹安排。

2. 校园环境及周边环境

在大学生的日常生活与学习过程中，校园环境与周边环境是他们接触最多的，因而对他们的影响也是巨大的。为加强大学生思想政治教育，应对校园环境及周边环境的建设给予充分重视。

（1）校园环境建设。校园环境建设是一种特殊形式的社区文化建设，它将制度文化、物质文化与精神文化有机结合在一起，对广大青年学生价值观的形成会产生潜移默化的影响。同时，校园环境建设又是一项系统工程，需要协调各方面的力量。

近年来，很多高校在进行校园环境建设时都对校园环境的教育功能、审美功能、使用功能等因素进行综合考虑，旨在通过优美的校园环境来净化大学生的心灵，陶冶他们的情操，培养他们关爱他人、关爱社会、关爱自然的意识。小到花草树木、景点设计，大到校舍建设、校园规划，很多高校都融合了文化传统、心理环境应包括其余、集体舆论、精神面貌等多种因素的影响，旨在创建一个生机勃勃、奋发图强的育人环境。为了更好地将学风、教风、校风、校训的引导与激励作用充分发挥出来，有的高校在对道路、教学楼命名时运用了校训。还有一些高校则在校园长廊中对健康向上的文化和党的政策、方针、路线、理论等进行宣传，营造了浓厚的大学校园文化气氛。

为了有效激发学生热情，提高学生的综合素质，同时也为了营造良好的学风，增强校园学术氛围，很多高校开展了与学生特点相一致、与时代特征相吻合的丰富的活动，如文艺会演、数学建模大赛、辩论比赛、演讲比赛、校园歌手比赛、书画摄影展、读书论坛、学术报告会等，为大学生思想政治教育工作塑造了良好的校园环境。

（2）周边环境建设。除了营造良好的校园环境，加强校园周边环境建设也是十分必要的。各级政府应将校园周边环境的优化列为重要的工作任务，要对学校周边的商业、娱乐、文化经营活动进行依法管理，对干扰高校正常生活秩序、工作秩序的娱乐活动要依法取缔，努力抵制非理性文化、低俗文化以及腐朽文化、消极文化对校园文化的侵扰，为大学生思想政治教育创造有利条件。

第三节　大学生思想政治教育的评价机制创新

评价是任何教育活动都不能缺少的重要环节，大学生思想政治教育也不例外。建设和完善大学生思想政治教育评价机制，既能实时掌握大学生思想政治教育的效果，又能促进大学生思想政治教育目标的达成。

一、大学生思想政治教育评价的内涵阐释

大学生思想政治教育评价是高校管理部门以学生思想政治教育目标、要求为依据，确立指标体系，运用各种先进的方法，对学校思想政治教育各项机制的实施过程和效果进行价值判断的过程。大学生思想政治教育评价机制同时也是学校考核教育工作者绩效、制定教育决策的重要依据。

对思想政治教育是否实现了预期目标进行评价是大学生思想政治教育评价的主要内容。大学生思想政治教育评价的根本目标在于培养和提高大学生的思想政治素质，所以大学生思想政治教育的所有活动都要围绕这一根本目标进行，最终实现这一目标。如果开展的思想政治教育工作使得学生的思想素质、政治素质、理论素质以及道德素质得到了提升，说明大学生思想政治教育工作取得了实际效果。否则，就说明大学生思想政治教育效果不好，没有实现教育的最终目标。因此，大学生思想政治教育评价必须以思想政治教育目标为依据，围绕大学生的思想政治素质的表现，建构合理的指标体系，对大学生的思想政治素质变化情况进行客观的反映，对思想政治教育的实际效果进行评价。

二、大学生思想政治教育评价的常用方法

大学生思想政治教育评价必须通过一定的方法来实施，因为没有科学的方法，思想政治教育评价的任务也就无法完成。大学生思想政治教育评价的方法主要包含以下几种：

（一）调查评价法

所谓调查评价法，就是通过问卷调查、访问量等方法对大学生思想政治教育进行评价的方法。调查评价法从对评价对象进行调查研究着手，体现出明显的调查特色。这一评价方法具体包含以下两种形式：

1. 调查法

作为调查评价的一种重要方式，调查法主要是通过向被调查者发放问卷，直接对被调查者的思想政治水平的高低、思想政治观点的正误等进行测试，并以评价的结果作为大学生思想政治教育如何开展的依据。抽样调查是调查法最常采用的一种方法，适用于较大范围的评价对象。

2. 实地考查法

相较于调查法，实地考查法是一种更为直观的评价法，其比较注重感受性。评价者往往要直接深入到大学生思想政治教育的第一线，对教育的过程、环节和效果进行实际考查

和调研，详细了解教育主体的思想和工作、教育客体的学习和生活情况，进而获得对评价对象的直观感性认识。查阅资料、听取汇报、访问座谈是实地考查最常采用的方法，可从看、听、问等多方面直观了解评价对象，进而获得详细、真实的材料。

第一，查阅资料。查阅资料是实地考查时最常用的方法。它是通过查阅被评价者的相关资料，了解其开展思想政治教育的情况和效果，进而对其做出价值判断的方法。

第二，听取汇报。听取汇报是指由实施大学生思想政治教育评价的部门组建的评价组，通过听取被评价单位领导做关于开展大学生思想政治教育工作的汇报，对被评价单位开展大学生思想政治教育的效果进行评价。通过这种方法能够较为直观、全面地了解被评价单位对思想政治教育的重视程度、认识高度等，能够反映出被评价单位开展思想政治教育工作的特色、全貌及存在的问题，进而对其进行有效的评价。

第三，访问座谈。进行访谈、召开座谈会，也是大学生思想政治教育评价常用的方法。访问座谈是指评价组通过组织教育工作人员召开座谈会，全面了解大学生思想政治教育工作人员的素质和能力，从而对被评价单位开展思想政治教育的情况进行价值判断。

（二）比较法

比较法是指对具有某种联系的不同事物或同一事物的不同方面进行对比，以分析和了解它们之间的共性和区别，进而得出科学的结论。这种方法常用于自然科学和社会科学中，现在也成为对大学生思想政治教育进行评价的一种重要方法。

就比较的方向而言，比较法有纵向比较与横向比较之分。其中，纵向比较就是针对同一事物的不同阶段进行比较，是一种动态比较。纵向比较常用于大学生思想政治教育评价中。将大学生思想政治教育作为一个整体过程，对教育所取得的效果、发生的变化，与开展教育之前的状况进行比较，就可以对大学生思想政治教育的效果做出评价。相较于纵向比较，横向比较更为复杂，在进行这种比较时，要注意单位的选择有可比性，否则比较就无法进行。纵向与横向比较之后，再进行分析与综合，就可以对大学生思想政治教育的效果做出评价。

就比较的范围而言，比较法有宏观比较与微观比较之分。宏观比较是指站在大学生思想政治教育的全局高度进行比较，微观比较是指从高校思想政治角度的局部上进行比较。

（三）分析与综合法

掌握科学的思维方法是对大学生思想政治教育进行科学判断的依据。所谓科学的思维方法，即辩证思维的方法，其中归纳与演绎、分析与综合发挥着重要的作用。归纳这一思维方法是指从个别事物出发而得出一般的结论，演绎这一思维方法是指从一般的原理出发而得出个别的结论。分析和综合在归纳和演绎中起着重要作用。分析是指在事物或现象的整体中分解出事物的基础和本质，综合是指将分解的各个部分、本质等综合成一个整体。

由此可知，只有对大学生思想政治教育进行全面的辩证分析，才能得出科学的评价结果。在具体的评价过程中，要将大学生思想政治教育这一整体分为各个部分，既要分析教育目的、动机、实施方法，也要分析教育效果、社会作用、学生的素质水平；既要分析教育所取得的成绩、经验，也要分析教育中存在的问题、教训；既要评价教育的主要方面，也要分析教育的次要方面。在具体分析的基础上，再进行综合分析，从而形成对大学生思想政治教育的效果、社会作用等更高层次的整体性认识。

（四）自我评价与他人评价相结合

大学生思想政治教育评价还可采用自我评价与他人评价相结合的方法。所谓自我评价就是被评价对象对自己的思想政治教育工作（对教育者而言）或接受思想政治教育的过程与效果（对受教育者而言）做出评价。自我评价实际上也是一种自我总结，可以是个人的，也可以是单位的。

他人评价是与自我评价相对的，如上级对下级的检查评价，督导系统的督导评价，专家、同事的评价，同学、家长的评价等都属于他评。

在大学生思想政治教育评价中，应将自评和他评相结合，即将两种评价结果进行整合，也就是将两个不同的评价结果进行对比分析、综合研究，进而得出评价结果。

（五）定性分析法

从唯物辩证的观点来看，任何事物都是质与量的统一。质是事物的内在性质，是区别于其他事物的内在规定性；量是事物数量的规定性。对此，在对大学生思想政治教育进行评价时，就可以采用定性分析法来确定大学生思想政治教育的质。这里的定性分析，是指要判明大学生思想政治教育主体所确定的目标，通过对教育对象施加影响以后在性质上、方向上是否同工作者的目标相一致。

定性分析法是大学生思想政治教育评价的重要方法，通过这一方法可以明确大学生思想政治教育性质的规定性，具体可通过好与坏、先进与落后等来表述。但这种方法的缺点是缺少数据支持，对大学生思想政治教育评价不够深刻，难以反映大学生思想政治教育评价的质量，因此需要定量分析来进行补充。

（六）定量分析法

根据上述内容，仅评价大学生思想政治教育的好坏与否、有无价值等是远远不够的，还需要了解好的程度、价值的体现程度等，也就是要使大学生思想政治教育评价更加深化和精确化，这就需要进行定量分析。

大学生思想政治教育评价的定量分析，主要是从数字方面对它的作用大小进行评测，这种评测可通过等级的数量概念来说明。例如，可以通过优、良、中、差，负价值、零价值、有价值、很有价值，很落后、落后、先进、很先进，负效果、零效果、有效果、很有效果等反映数量程度的概念来表述。

在实际的大学生思想政治教育评价中，应将定性分析与定量分析结合起来，这样才能使大学生思想政治教育的评价更加客观和科学。

三、大学生思想政治教育评价机制的原则与功能

随着高校思想政治教育工作的切实开展，大学生的思想政治教育取得了显著的成效。但在大学生思想政治教育的过程中，由于评价机制缺乏或者不完善，一部分高校的思想政治教育工作出现瓶颈。因此，高校思想政治教育过程中教育的评价机制不容忽视，建立完善的思想政治教育评价机制是当前教育工作中的重点，是值得我们深入研究的课题。

（一）大学生思想政治教育评价机制的内涵

人类任何有目的的活动都需要相应的评价，评价是目的活动的保障和反馈，建立起科学、合理、可行的评价机制有利于实现活动的预期和目标。美国教育学家布卢姆指出："教学评价是一种获取和处理用以确定学生水平和教学有效性的证据的方法，是简述教育的终极目的与教学任务目标的一种辅助手段。"高校思想政治工作是具有明确目的指向的教育活动，因此它需要有效的评价机制为高校思想政治教育工作的进步保驾护航。

大学生思想政治教育评价机制是针对高校思想政治教育工作展开的全面、系统、具有明确目的性的评价。它主要以高校大学生的思想政治教育为评价的对象，将思想政治目标作为评价的依据，运用科学的测评方法对高校思想政治教育工作的过程和所取得的效果进行科学、合理的评价。我们要从如下几个方面来理解大学生思想政治教育评价机制的内涵：

第一，大学生思想政治教育评价机制是将思想政治教育的全过程和教育效果作为评价的对象。在很多人看来，评价机制只是针对教育的效果而定的，它与教育的过程不发生必然的关系，也就是说在思想政治教育活动中只注重对"培养出什么样的学生""他是否能够适应当今社会的需求"这样的教育目的做出评价，而不顾及对"培养出什么样的学生"所实施的教育过程进行评价。这种观点是有失全面的。因为教育过程是"培养出什么样的学生"的过程，没有过程就无所谓结果，一旦实施思想政治教育的过程出现问题或者偏

差，那么所获取的教育效果就不会理想。所以，将思想政治教育的过程和教育效果共同作为教育评价机制的对象看待是绝对有必要的。另外，教育过程和教育效果两者具有高度的同一性，过程是效果的过程，结果也是过程的效果，有什么样的教育过程就有什么样的教育效果，评价思想政治教育过程也正是在评价教育效果的本身。从这一角度来理解，我们也不能仅仅将教育效果作为评价的对象。

第二，大学生思想政治教育评价机制是教育整体的有机构成部分。将教育的评价机制看作是整个高校思想政治教育工作的有机构成，就是既不将教育的评价机制特殊化，也不忽视思想政治教育评价机制存在的独特价值。思想政治教育评价机制并不是独立于大学生思想政治教育之外的，它切实地是高校思想政治教育工作的一部分。如果有意识地将其独立于高校思想政治教育之外，甚至将其凌驾于思想政治教育之上，它就失去了评价的基础和土壤，就构不成真正的评价，从而失去了思想政治教育评价的意义和本真目的。

第三，大学生思想政治教育评价机制具有极强的指向性和目的性。其指向性是指评价机制是针对高校思想政治教育的过程和教育效果做出的评价。高校对大学生的教育丰富多彩、包罗万象，思想政治教育评价机制涉及思想政治教育领域而不对其他的教育内容进行评价。这样思想政治教育评价机制便有了自己的专一性，有利于评价机制的不断深入和发展。

其目的性是指大学生思想政治教育评价机制所追求的目的是与思想政治教育的培养目的高度一致的。中共中央、国务院《关于进一步加强和改进大学生思想政治教育的意见》指出："以大学生全面发展为目标，深入进行素质教育。加强民主法制教育，增强遵纪守法观念。加强人文素质和科学精神教育，加强集体主义和团结合作精神教育，促进大学生思想道德素质、科学文化素质和健康素质协调发展，引导大学生勤于学习、善于创造、甘于奉献，成为有理想、有道德、有文化、有纪律的社会主义新人。"思想政治教育评价机制就是为高校思想政治教育服务的，它的目标也正是《意见》所要求的教育目标，并且它为高校在实施思想政治教育时能够更好地达到《意见》所要求的教育目标提供有效的保障。

（二）大学生思想政治教育评价机制的基本原则

思想政治教育评价机制的基本原则是构筑大学生思想政治教育评价机制大厦的基石，认真坚持评价机制的基本原则有利于评价机制在高校思想政治教育过程中的建立和发展。整体看来，高校要建立完善的思想政治教育评价机制，就要从以下几个方面人手：

1. 坚持以人为本的原则

教育工作是"人"的教育，人是高校思想政治教育的目的和主体，思想政治教育工作离不开人。将以人为本作为大学生思想政治教育评价机制的基本原则是树立和落实科学发展观的本质要求，也是进一步实施科教兴国战略，不断推进教育事业的改革和发展的具体体现。将以人为本作为高校思想政治教育工作的基本原则，这就要求评价机制在发挥作用时要将人的因素作为考虑的出发点，也要将人的因素作为考量的重点。高校思想政治工作主要是在做人的工作，老师和学生直接参与其间。以人为本就是在对高校思想政治工作进行评价时，要从教师和学生的切身利益出发，特别是要把学生还原成一个个鲜活的个体，尊重学生、维护学生、引导学生成为品行纯洁高尚、科学文化知识充盈、能够为社会进步做出贡献的社会主义新人。

2. 坚持实事求是的原则

要建立科学、合理、有效的思想政治教育评价机制就必须坚持实事求是的基本原则，在评价过程中也只有坚持实事求是，评价才会客观有效，对整个思想政治教育才能起到有效的作用。坚持实事求是主要体现在两个方面：一方面表现在真实反映思想政治教育过程和教育效果中所存在的问题和问题的隐患。在评价过程中，如果存在的问题得不到真实、准确的反映，在培养出现偏差时不去及时纠正，在没能达到教育目标时也不做任何失败经验教训的总结，那么思想政治教育评价机制就会形同虚设，高校对大学生的思想政治教育也就有同于无；坚持实事求是的另一方面表现在评价机制要及时反馈思想政治教育过程中学生出现的新情况。思想政治教育评价机制不仅要对施教者的教育进行优劣好坏的评价，也要对受教者在接受教育过程中出现的问题做出及时的反馈。大学生作为社会中最为活跃的人群之一，他们易受外界因素的影响，思想变化极快。及时把握大学生的思想动态，对他们的思想情况进行及时、准确的了解，有利于思想政治教育评价机制的健康发展。

3. 坚持灵活机动的原则

建立完善的大学生思想政治教育评价机制还要坚持灵活机动的原则，这主要是指，高校要根据自身的特点建立适宜的评价机制。随着高校思想政治教育评价理论和实践的不断深入，思想政治教育评价的方法、模式得到了极大的充实。然而，采取什么样的评价方法、选取什么样的评价模式这就要灵活机动，要依高校自身的特点而定，可以说没有任何一个评价机制是能够放之四海而皆准的。同时，在思想政治教育评价机制的建立过程中也要掌握灵活机动的原则，高校在对大学生进行思想政治教育时问题多样、变化不断。相应地，教育评价机制也不可能是一成不变的，因而，评价机制需要按照新出现的教育实际做出适当的调整。

（三）大学生思想政治教育评价机制的功能

建立健全的思想政治教育评价机制在于改进和完善高校的思想政治教育工作。由此，思想政治教育评价机制的功能也是围绕如何促进高校思想政治教育而展开的，主要体现在以下几点：

1. 鉴定、诊断功能

思想政治教育评价机制对高校思想政治教育具有鉴定和诊断的功能，这是评价本身所固有的特性所决定的。通过评价，可以清晰地了解到活动的进展情况，并对活动的进展做出准确的判断，这就是评价自身所具有的鉴定和诊断功能。而思想政治教育评价机制所体现出的鉴定、诊断功能也是一样。所谓的鉴定，就是指评价机制对思想政治教育活动作出的理性判断，它既可以看到思想政治教育活动过程中展现出的特色和优势，也可以及时地发现其中出现的新情况和存在的问题；而诊断，就是评价机制在全面认识思想政治教育活动的基础上，对进一步的发展给出合理的调整、改进和优化的建议。

2. 引导、调整功能

思想政治教育评价机制的引导、调整功能已经得到教育界的基本认同，它是指在对教育过程和效果进行基本判断的基础上，调整和引导评价对象向着既定的教育目标前进。从具体而言，引导主要是针对那些在教育过程中出现偏差或是不良效果的情况。从程度上看，引导的对象不存在重大的过失和错误，即对学生的思想政治教育没有出现轨道的偏离，只是在具体操作中出现了突发或是未能预想到的问题。而调整的对象从程度上看问题要大得多，例如在思想政治教育过程中，教育方式或者方法偏离了教育的计划和轨道，这个时候就需要评价机制对其进行调整。从总体来看，思想政治教育评价机制的引导、调整功能是高校思想政治教育的“指挥棒”和“掌舵人”，它按照整体的教育目标和标准促进思想政治教育朝着健康、有序的方向发展。

3. 激发、鼓励功能

思想教育评价机制的激发和鼓励功能是评价机制在对教育过程和结果进行鉴定、诊断、引导、调整后的自然反应。它激发教育者寻求更好的教育方案和途径对大学生进行思想政治教育，同时它也激励学生积极接受良好的教育。可以说，评价是对高校思想政治教育工作去伪存真的过程，也是对过去的肯定和赞扬。它一方面鼓励教育者选取最优的教育方案达到自己的教育目的，从而推动整个教育体制发展和进步；另一方面思想教育评价机制通过评价能够激发学生的潜能，使学生更加积极、主动地接受培养。出于兴趣，大学生甚至可以参与到自己的培养方案中来，激发学生产生积极努力的动力，从而对教育活动产生积极的影响。

四、大学生思想教育评价机制的完善

随着评价理论在高校思想政治教育工作中的不断深入，建立完善的思想教育评价机制的需求也越来越强烈，要建立完善的思想政治教育评价机制应力求从以下几方面做出更多的努力：

第一，从制度层面为评价机制提供保障。大学生思想政治教育评价机制作为高校思想政治工作的保障机制其本身也同样需要制度的保障。当前我国各高校在思想政治教育过程中，很少对思想政治教育的评价机制制定规章制度。缺乏制度的保障，评价的方案和措施就会显得没有根基，就会具有一定的随意性和人为性，没有制度的保障，思想政治评价机制就会缺乏确定性，评价机制本身就会遭到人们的质疑，实施起来就会有很多的困难。这样思想政治评价机制本身所具有的功能和优势就很难得到充分的发挥。

第二，注重评价主体与客体间的协调发展。大学生思想政治教育评价机制的主体就是实施评价行为者，即高校和上级的教育机构；评价的客体是指评价的对象。前面我们提到，我们将评价的对象界定为教育过程和教育效果，由此评价的对象可以细化为：教育者、受教育者、教育内容和教育效果四个方面。教育者包括高校的教师、辅导员，受教育者就是学生，教育内容包括大学生在大学阶段所受到的课堂教育、日常熏陶等，而教育效果则包括大学生的思想道德素养、理论文化水平、适应生活和时代的能力等。处理好评价主体与客体之间的关系，对完善评价机制至关重要。两者关系协调，评价机制就会得到顺利的开展，因为在一般情况下评价客体和评价过程随主体的意志而调整，主体过于强势评价过程就会充满指令性，从而失去评价的客观性，反之也是一样。

第三，采取科学合理的评价方案。随着高校思想政治教育评价理论的不断丰富，评价的方案和方法也得到了极大的丰富，例如有的侧重科学性与人文性的评价，有的侧重整体性与局部性的评价，有的采用定性、定量的方式进行评价。不论采取什么样的评价方案，当前评价方案的实施存在两种问题：一种是评价方案与科学的评价方法相脱节，很多科学、前沿的评价方法中得不到运用；另一种是盲目地采用不合时宜的评价方法。高校采取什么样的评价方案，要遵循科学合理的原则。这就要求在评价过程中，在以国家的大政方针为依托设立稳定评价目标的基础上，结合高校自身的特点制订最适合本校实际的评价方案。

第四，注重创新意识在评价机制中的运用。创新是评价机制得以延续和发挥出最大功能的保障。大学生思想政治教育评价机制的创新要本着“以人文本”的原则，从理论和实践两个方面着手。理论创新要深入研究评价内容、评价的主客体、评价的方法、功能等，从而为实践创新提供理论支持；而实践创新又要从评价工作的思路、方法、内容等方面下功夫。要时不时地总结、交流新经验，探索新方法。增强思想政治教育评价机制创新意识，既是思想政治工作的需要，也是教育发展的必然要求。

大学生思想政治教育评价机制是高校思想政治工作得以不断深入的有力保障，它直接决定了高校人才培养的策略和效果，高校是否能够培养出有益于社会发展的优秀人才，与思想政治教育的评价机制密不可分。随着高校大学生思想政治教育评价机制的全面推广和日趋合理，相信在不久的将来我国的高校教育事业会上一个新的台阶，取得更大的成就。

第六章　新媒体时代大学生思想政治教育发展研究

第一节　新媒体与大学生思想政治教育的理论阐释

进入21世纪，伴随着科技的飞速发展，新媒体凭借得天独厚的技术优势，迅速植入社会政治、经济、文化、生活等诸多领域，成为新时代衡量国家发展软实力的新要求。同时，新媒体已与人们的日常生活紧密联系在一起。尤其对当代大学生而言，他们的学习、生活方式，思维模式，思想观念甚至意识形态均在一定程度上受到了新媒体的影响。在不经意间，新媒体时代已全面到来。

一、新媒体特点及其信息传播规律

（一）新媒体的概念诠释

新媒体的概念起源于美国CBS（哥伦比亚广播电视网）技术研究所所长P.戈尔德马克，他在1967年发布的一份商业开发计划中第一次使用“新媒体”对“电子录像”进行定义，由此，诞生了作为独立概念而出现新媒体。之后数十年中，技术的突飞猛进，促使新媒体的发展日益兴盛。据不完全统计，时至今日，被称为新媒体内容或载体的以及表述其概念的新形态事物不少于20种：门户网站、网络电视、数字电视、IPTV、电子书、虚拟社区、搜索引擎、微博、微信、QQ、简易聚合、移动多媒体等等。面对众多新生事物，大众如何界定其是否属于新媒体？新媒体是什么？面对这些问题，学术界目前仍没有给出统一的定义。

在众多学者的论述中，相对来说，对新媒体的理解与定义做得更全面、合理的是中国传媒大学宫承波教授。首先，他认为新媒体是一个需要在时间维度中进行理解的概念。在以往媒介发展交替的历史中，“新媒体”出现在每一次的媒介革命之中。尤其是在知识爆炸、技术发展日新月异的今天，不断涌现出了形态各异的多种新媒体，在内部技术基本统一的情况下，其外延在不断地被拓展、被丰富。其次，新媒体是一个技术性概念。当下的新媒体主要是指向受众提供信息服务的一系列数字化的新工具或手段，其内部以数字技术、互联网技术、移动通信技术等新兴科技为核心，对信息进行有效推送。通过对目前已有新媒体进行整合、梳理，可依据技术核心将新媒体划分为新兴媒体和新型媒体。新兴媒体，主要依托较为先进的传播技术，改变了媒介的传播形态或传播方式，增强了媒介的体验感和互动性，强调内容生产的分散化和个性化。现阶段，主要以网络媒体、手机媒体和（互动性）电视媒体为代表，是新媒体的典型形态。新型媒体，多是在传统媒体的基础上引进新技术，进行相应改良而出现的，其传播形态与内在作用机理并未发生根本性改变，但其拓宽了信息的传播范围，促使信息传播质量得到了提高，到达了以往无法完成的高度，主要包括户外媒体、楼宇电视和车载移动电视等。

通过研究，可将新媒体划分为广义新媒体与狭义新媒体。广义上的新媒体，是指向受众提供信息及服务的、在现阶段所有新出现的传播手段和传播形式的总称。主要利用数字技术、网络技术以及移动通信技术，通过卫星、互联网和无线通信网等渠道，向电视、移动设备等终端进行信息的推送。包括上文提到的“新兴媒体”和“新型媒体”两种形态在内。而狭义的新媒体仅指区别于传统媒体的新兴媒体，是一种以前端的计算机技术为核心，以更好地满足用户对于信息的需求为准则，通过网络平台进行多向传播的数字化传播媒体，包括被称作“第四媒体”的互联网和被称作“第五媒体”的移动网络，如门户网站、App客户端、网络社区、搜索引擎、微博、微信、QQ、BBS、手机报、无线客户终端等。本书主要基于狭义的新媒体概念，对大学生思想政治教育的创新进行研究。

为更好地理解新媒体的概念，通常可以从以下方面进行分析：

首先，新媒体是基于新技术支持下的新的媒介形态。本书所论述的新媒体，是基于通信技术的发展，支持视频、音频、图片及文字等多媒体传播的，允许信息定向传送的多种形态的载体。以手机媒体为例，正是基于技术的不断创新，智能手机发展突飞猛进，同时，4G网络的应用，使手机多媒体下载速度大幅提升，提升了移动终端性能，从而使得手机媒体得到迅猛发展。

其次，新媒体是数字化的。信息以网络为介质进行传播，以计算机、移动通信设备为到达终端，通过信息的发布、传送，更好地服务个体用户。如微博、微信、QQ等新媒体形态，均诠释了新媒体的数字化内涵。

再次，新媒体是具有规模性的。某种载体只有当使用用户发展到一定规模，形成一定影响力时才能真正成为一种媒介。能加入新媒体行列的传播载体中，其一定是在满足上述两点前提下，在一定期限内，具有了一定规模并且形成一定影响力的新型载体。

（二）新媒体的特点

新媒体，使得越来越多的人从信息的蛮荒时代迅速过渡到信息爆炸时代，前后不过三代人的时间，带来的变化却比之前的几百年都要巨大。新媒体开启了人类文明世界飞速发展的新纪元。新媒体正在改变人们的生活以及理解世界的方式，成为新发明和新服务的源泉，而更多的改变正蓄势待发。

综观现阶段已有新媒体，主要呈现出以下特点：

1. 特点一：传播的即时性

以电视、广播、报纸、杂志为代表的传统媒体，主要依托于电视台、广播台、纸质出版等方式进行信息的传播，在经过层层筛选后，必然延长了制作播出信息的周期，传播的时效性大打折扣。随着技术的高速发展，新媒体的发展有了质的飞越，信息传播的速度犹如核裂变般迅猛发展。在新媒体中，每个人都享有双重身份——信息的制造者、信息的传播者，大众可随时接入移动网络随时查看各种信息，同时可将自己当下遇到的新闻上传至网络，与远在千里之外的好友共享信息。信息的传播已突破了时空的局限性，做到了即时与共享。QQ、微信、SNS 等 App 的进一步发展，更加速了“朋友圈”中信息传播速度。4G 网络的研发应用，从技术上保证了移动客户端接收网络信息的速度，实现了“天涯咫尺”的梦想。

2. 特点二：模式的交互性

传统媒体的信息交流，以信息的点对面的自上而下的单向性传播为主，侧重于信息的传递，多是受众的被动接受，基本不含有信息反馈程序。与传统媒体显著不同的是，新媒体改变了信息传播模式，将以往的点对面的单向传播转变为发散式的网状双向互动传播。在新媒体的信息世界中，任何人，都可以是信息的制造者、信息的传播者，抑或是信息的接受者，对信息拥有个人控制权；在信息的传播上，不再是单一的“收取”信息，更多的是对信息的一种反思与反馈，受众将视觉的关注点转移到了信息的讨论之上，在深入探讨的过程中，不断调整自己的观点及看法。传播者也可根据反馈回的信息，针对受众需求对自身言行或作品进行改动。传播的交互性模式，对网民的多重身份进行了重新建构，彻底颠覆了传统的“话语霸权”“一言堂”模式，取而代之的是“草根阶层”迅猛崛起，大众话语权得到回归，为受众营造了一种强烈的参与感，使其感受到自己的信息所具有的价值，调动了更多网民对事件关注与讨论的积极性。由此，网民的主动性被空前地调动起来。

3. 特点三：深入的全球化

传统媒体中传播的信息，往往是在经过“把关人”的层层筛选过后，经过编辑整理过的，群众对于信息的获取需要依赖编辑工作者的多方考量。特别是出于国家对文化、思想意识等方面“把关”的需求，对境外媒体的限制较大，鲜有西方报道流入国内大众视野。而新媒体依托于先进的卫星通信技术，彻底打破了空间地域限制，只要具有信号接收、传送等技术设备，不论信息发送者身在何方，不论与信息接收者相隔多远，双方都可以在新媒体中顺利完成信息的传播与接收。新媒体将“地球村”的梦想转化为现实，做到了全球信息共享，真正实现了在统一平台下的全球信息的流动。

此外，在信息传播全球化的同时，用户视野的全球化也随之而来。在新媒体中个人身份的双重建构，使得全世界的信息汇总于新媒体之中，网络中的信息更加丰富，全面地满足着人们生活的各种需求。无论身处何地，信息发布者都可以瞬间变为新媒体的消息“中心”，通过微博、QQ、EMS、微信等方式将信息零门槛、零障碍地向外传播，用户可依据自己的兴趣，在新媒体中搜寻世界范围内的相关资讯，借助标签聚合等应用，从新媒体的海量信息中快速获取相关信息。在对国内外信息进行深入的分析比对后，网民可以进一步对问题归纳与整理，从而不断拓宽自己的全球化视野。

4. 特点四：全新的个性化

传统媒体在信息传播的过程中，由于采用点对面的传播方式，决定了其需要满足大多数受众审美这一刚性要求，从而不得不忽视掉市场中散落的巨大“长尾”。面对这一传统媒体在传播过程中无法解决的难题，新媒体采用双向交流、传播模式，为大众提供可供选择的具有个性化特点的信息内容，促使信息的传播者和接受者转变成对等的交流者，通过技术支持使无数的交流者在新媒体环境中相互间可以同时做到个性化交流。在技术的支持下，新媒体在满足多数人需求之余，信息的传播者可采用信息推送技术，依据个别受众订制，具有针对性地将信息推送出去，依据受众预留的“固定地址”，如 IP 地址、手机号、QQ 号、邮箱账号等，将信息发送至一个或多个受众手中，以确保信息具有针对性地有效传递。从而，在不影响大多数的前提下，抓住个性，汇聚“长尾”力量。同时，受众可依据自己的兴趣、爱好等因素在信息的搜索窗口进行相关信息的查找，自由地选择信息的接收时间、接收地点以及接收形式。从这个角度来说，信息的控制权不仅在信息最初的传播者手中，还掌握在对信息有需求的受众手中。此外，信息在传播的过程中，通过新媒体还可以对信息的表现形式、对内容的传播渠道进行加工和选择，真正赋予了大众尽可能多的自我展现的平台，如微博、微信等全新的个性传播平台，每个用户不仅可以决定关注哪些信息、发布哪些内容，还可以决定自己的平台界面设置，个性地表达自身观点。以微博为例，在用户成功注册后，将会根据个人的兴趣爱好，进行有针对性的个性化推荐，用户有权对自己的微博界面进行整理设计，以此建立起具有个人风格的微平台。

5. 特点五：受众的细分化

对线性传播的传统媒体而言，在同一时间满足多个受众群的需求基本是不可能完成的任务。新媒体的信息传播以网状为基础，可依据受众不同的兴趣爱好，抓取受众之间的关联点，分析相同受众心理及消费需求，划定不同的传播区域，按照某些数据，将具有相似特征的受众聚集起来，进行更具针对性的定向宣传。以 QQ 群为例，将 QQ 用户中具有共性的用户集中起来，成立一个具有针对性的即时通信平台。群主（群创建人）将志同道合的朋友添加进来共同交流思想，谈论共同话题，互通资源。群主可依据 QQ 群的组成情况对 QQ 群进行命名，如美食团、旅游等不同名称，用以区分不同的朋友圈。微博、微信的互动也充分运用了新媒体受众细分理论。

此外，新媒体还具有隐匿性、平等性等鲜明特点，这些特点均满足了当代大学生对掌握最新信息的迫切需求，契合了他们认识世界的心理要求，极大地调动了大学生参与其中的积极性与主动性。因此，思想政治教育工作者应把握新媒体特点，充分利用新媒体，与大学生的需求保持同步，拓展思想政治教育空间，丰富教育手段。

（三）新媒体的信息传播规律分析

了解并掌握新媒体的信息传播规律，有助于将新媒体切实投入大学生思想政治教育创新工作中。

1. 信息引爆“热点”规律

近年来，新媒体日益成为我国乃至全球引爆新闻热点的“发源地”，甚至在某种程度上引领着舆论导向。如现在热门的微博话题榜。其主要分为以下几个程序：知名网友“爆料”，发起话题—网友围观，产生正反两方观点—双方持续论战—知情网友进一步揭露—有关部门介入/当事人回应—后续报道。此过程一般持续两到三个月，因事件受关注度不同，时间略有变动。在我国社会转型不断深入的大环境下，各国思想文化交流、交融、交锋更加频繁，新媒体这种信息传播规律的出现，有利于群众对外厘清国际形势，对内监督工作开展，同时，为更多怀揣为祖国建设添砖加瓦梦想的大学生提供了一条理性爱国之路。当今的新媒体，已成为社会各界的信息交流平台、民意表达渠道、社会互动场所。

2. 信息传播力与影响力互动规律

传播力决定影响力，影响力反作用于传播力。随着移动技术的不断发展，全网覆盖已接近实现。而 4G 网络的应用，更是加速了网络信息的传播速度。“覆盖广+高速度”的运行模式，无疑成为民众表达民意、吐露心声的有效渠道，最大化地加速信息的传播，最终成为影响社会舆论、改变社会现状的有力武器。新媒体中官方账号、名人政客账号作为具有号召性的典型代表，其一举一动都受到粉丝的大范围追捧。榜样的力量显得十分强大。

此现象在以微博为首的新媒体中尤为明显。普通民众在关注朋友之余，多加明星学者、专家等名人微博，阅读之余进行转发，通常热点新闻的微博转发量均破十万。由此可见，“名人”效应可带动信息的二次传播。

3. 信息传播效果的“池塘效应”规律

由经济学原理的“池塘效应”理论得知，当事物的发展呈几何级数增长的时候，不要以为它还很遥远，也许就是下一秒，变化就会显而易见。当一条微不足道的信息出现在网络中时，也许开始的时候并不会有人在意，只是新闻中一笔带过的话语，但经过“发酵”过后，它便会以“主角”的姿态强势回归，剩下的时间便是它“狂轰滥炸”般的消息“刷屏”而来。

4. 信息传播模式的“六度分割”规律

拥有网状结构的“六度分割”理论，通过不超过五个人的环节设置，在彼此陌生的两个人之间建立联系。在新媒体世界中，六度分割理论所引申出的“弱链接”关系成为加速信息传播的驱动力，而这正是由网络的交互性所决定的。“六度分割”理论，虽不完整，但其强化了不同节点之间内在联系并突出了这种“弱链接”关系，完成了信息在不同交际圈的有效传递。

二、新媒体与思想政治教育的关系思辨

新媒体凭借其鲜明的特点和独特的魅力得到了大学生群体的一致追随，对大学生的各方面均产生了不同程度的影响。而大学生作为高校思想政治教育的主要受众群，其发生的变化必将牵动思想政治教育随之改变。与此同时，思想政治教育的核心之一便是思想的传播性，这与新媒体的本质具有同一性。为此，深入分析二者的关系，更有利于借助新媒体的优势进一步创新大学生思想政治教育。

（一）新媒体对大学生思想行为产生的影响

当代大学生群体基本由“00后”组成，成长在新媒体时代的大学生，对新鲜事物的尝试和先进技术的追求有着天然的亲近感。这一特征决定了大学生必将成为新媒体的忠实追随者，也必将在追随的过程中被新媒体所影响。

1. 改变了大学生的学习和生活模式

随着新媒体技术的发展，大学生的学习环境得到改善，越来越多的大学生将自己的学习和生活融入新媒体之中。新媒体的开放性丰富了网上信息资源，大学生可在新媒体中搜索相关学科领域中最前沿的资讯。学习资源的共享，开阔了大学生的眼界，丰富了其思想的发展。大学生依据自身的兴趣在新媒体中进行相关信息的寻找，最大限度地节省了信息

资源传播成本。同时，新媒体的发展，逐步改变了大学生的学习思维。以往的被动教育转变为主动教育、灌输式教育转变为探索式教育，大学生在使用新媒体学习的过程中，不断提高自己的学习意识和分析能力，真正提高了学习的主动性。在生活上，新媒体满足了大学生足不出户享受生活的愿景。通过手机、电脑、iPad等移动通信设备，大学生可以轻松完成购物、买票、观影、打车等一切活动；微博、微信、QQ等即时通信工具，打破了大学生交往受到时间、空间限制的屏障，扩展了大学生的交友空间。

2. 影响了大学生的思想观念和价值取向

大学时期是个体思想观念和价值取向成形的关键期，其思想的可塑性很强。新媒体中内容的多元化，消解了传统媒体中的权威意识，打破了以往的话语垄断。相对地，大学生在新媒体中可自由地表达自己的观点与看法，形成了较为独立的个性和较强的批判精神，为个体作为区别于他人的独立存在而自豪。目前，大学生的价值取向主体上依旧健康向上，他们能够自觉接受我国主导文化，坚信共产主义理想。但新媒体的全球化决定了其内容的多元化，从而导致来自不同地域、不同国家的思想观念、价值观及道德标准等相互碰撞。在此情况下，众多未经“把关”的信息极易直接冲到大学生面前，使其在潜移默化中受到影响。这种多元化的文化碰撞，将大学生以往的权威崇拜和一元价值取向基本消解，大学生的价值取向也由相对统一逐渐走向差异。

3. 加强了大学生的自我意识和能动性

在校大学生，年龄多在18~23岁之间，属于青春期后期，需要家人与朋友的关心。新媒体给大学生提供了一个与家人进行信息交流的平台，打破了以往交流的时空限制，满足了大学生对情感的需要，有助于形成大学生初期自我意识。一方面，新媒体世界中的平等原则，为初出茅庐的大学生提供了话语空间，满足了大学生对于尊重与理解的需求。新媒体中追随与被追随关系的建立，有助于大学生快速找到校园中的自信感，为大学生自我肯定过程的形成奠定坚实的基础。另一方面，在新媒体的作用下，大学生的主观能动性得到增强。新媒体世界中，多元化的信息文化交流，不仅可以拓展大学生视野，用国际化的观点看待问题，站在更高的角度上思考问题，还可以用全面的视角进行分析，以马克思辩证唯物主义理论为出发点，客观看待事物，充分将理论应用于实践，利用事物规律，能动地改造客观世界。

4. 加深了大学生的社会化参与程度

社会化的最终目标是形成个体独立的人格。传统的社会化进程中，大学生的知识、认识能力基本来源于家庭的传递和师长的传输。而新媒体环境中，文化多元性日益明显，大学生耳濡目染，受到多元文化影响，经过消化吸收，逐步形成属于自己的观点。以微博为例，大学生关注感兴趣的名人，成为其追随者。经过长时间关注，分享其成功案例或奋斗过程等正能量，可为大学生的成长树立目标，成为大学生不断前进的动力，从而不断完善大学生自身的角色转换，逐步实现由生物人向社会人的转变。同时，大学生可以通过参与网上实践活动，积极地进行时政热点讨论，为国家的发展积极建言献策，将计划转变为行动，以饱满的热情投入到服务人民、回报社会的实践中去。

（二）新媒体在培育和践行社会主义核心价值观中的作用

社会主义核心价值观作为思想政治教育的一项基本内容，关系国家的长治久安，关联未来的繁荣昌盛。面对当今世界意识文化多元化、交流碰撞的复杂局面，面对改革开放和社会主义市场经济的不断发展，积极培育和践行社会主义核心价值观，对于巩固马克思主义的核心指导地位，对于实现中华民族伟大复兴的中国梦，对于提高大学生思想政治教育实效性，具有重大而深远的意义。

根据中国互联网络信息中心（CNNIC）发布的第45次截至2020年3月底的报告，我国网民规模为9.04亿，互联网普及率达64.5%，庞大的网民构成了中国蓬勃发展的消费市场，也为数字经济发展打下了坚实的用户基础。由此看出，新媒体发展呈逐步上升趋势，将社会主义核心价值观融入新媒体，对大学生进行全面渗透具有可行性。

从教育对象看，利用新媒体培育和践行核心价值，契合了大学生的认知规律及心理需求。以新媒体为媒介，采用大学生感兴趣的载体进行有效教育，从教育主体看，大学生思想政治教育工作者积极参与，在日常的工作与生活中，普遍加强了对新媒体相关知识的学习和研究，积极参加各类理论培训课程，从技术层面看，新媒体时代大学生思想政治教育的载体不断创新，一方面，技术的进步不断创造着适应时代需求的新载体的出现；另一方面，对于知识的把握，以前意味着掌握过去，现在则更意味着能够预测未来，随着数据化技术的不断创新，各种载体数据分析功能不断完善，将大学生的日常状态的发布转变为数据进行存储与分析，无疑为思想政治教育工作者更深入地了解大学生的思想动态及教育效果提供了强有力的技术支持。

通过对新媒体应用于思想政治教育可行性的分析得知，在培育和践行社会主义核心价值观过程中，新媒体将发挥重要作用。

1. 传递信息，引领大学生主流价值观

在新媒体中，运用好信息传播规律，通过意见领袖，在大学生中唱响主旋律，将社会主义核心价值观渗透进大学生日常讨论之中，运用议程设置模式，以正确的舆论引导大学生形成主流价值观。以中国新闻网为例，在党中央和政府部门的关怀下，通过近年来不断努力，中国新闻网的新媒体建设得到进一步加强。微博、在线视频、手机客户端等众多新媒体传播形式纷纷登场，加强了其资源优势，在重大的新闻事件中发挥着不可取代的主流媒体作用。

2. 反馈信息，搭建民意交流平台

交互性作为新媒体的主要特征之一，使交流双方在信息传播的过程中形成互动，缩短二者之间的网上距离，将平等对话变为现实。高校可以通过开通主要领导政务微博、官方微信等途径，了解大学生的真情实感，接收大学生意见反馈并适时做出回复，以实际行动践行社会主义核心价值观。

3. 及时报道，扩大正能量影响

新媒体在对公益事件的报道过程中，通过声、画、光等元素的综合运用，直观、高效地激发大学生的爱国热情和民族自豪感，从而汇集社会主义核心价值观践行的中坚力量。同时，扩大对正能量事件的宣传范围，以正能量的传递，弘扬大爱无疆，为社会主义核心价值观的培育和践行孕育良好的舆论环境。如在汶川地震中，新浪、搜狐等新闻网每天实时更新灾区救援状况，镜头直击救援现场，做到第一时间让社会民众了解灾区救援情况。通过对“可乐男孩”等获救民众的报道，积极传递乐观勇敢、大爱无疆的社会正能量，激发大学生民族团结、奉献社会的思想情感，为构建和谐校园提供了良好的舆论环境。

（三）思想政治教育引领并转化新媒体的内容

作为技术与载体的集合，新媒体在大学生思想政治教育中是柄“双刃剑”。在对大学生的学习、思维带来积极影响的同时，新媒体亦对大学生的思想与价值观念带来了消极影响。技术的进步，带来的是多文化的交流与融合。新媒体时代的到来，进一步打开了民众的思想，多种意识形态随着网络文化的发展而泛滥。不少新媒体从业人员由于媒介素养较低、问题意识不强等因素，易于导致其他意识形态对我国网民，特别是大学生，进行意识入侵。

思想政治教育工作者，一方面要利用其积极的作用，创新思想政治教育载体，丰富教育内容；另一方面，要主动占领新媒体这一有效传播阵地，引领其方向、净化其内容。通过思想政治教育工作在新媒体中的持续开展，将传统的思想政治教育内容转化为适合新媒体传播环境的、易于被网民接受的形态，以思想政治教育的内容占领新媒体，以高尚的道德情怀为主旋律，弘扬社会主义核心价值体系，对多元文化的交流与融合做出规划与引导，面对网络中的热议话题，通过议程设置等方法，有效引导网民进行正向讨论；对网络中发布的关于国外的相关信息取其精华、去其糟粕，兼容并包，在坚定中国梦伟大理想不动摇的前提下，吸收先进文化，不断向前发展。此外，通过不断扩大对新媒体传播阵地的占领与宣传，使大众接收到的新媒体中的信息多为先进的、积极的正能量，不断促使网民自觉抵制网络上的低俗文化，减少相关视频、网站的点击率，以群众自发的力量将其屏蔽，逐步将其淹没在海量数据的洪流之中，从而真正起到引领和转化新媒体的作用。

第二节 新媒体时代大学生思想政治教育的机遇与挑战

新媒体时期，高校大学生思想政治教育面对的新问题与新情况是从未有过的：一方面使得思想政治教育的环境变得更加复杂，工作队伍、工作模式受到挑战，大学生的思想、行为和价值观受到冲击；另一方面，新媒体的发展和普及也为完善和加强大学生的思想政治教育工作拓宽了新的手段和途径，有利于大学生主体性的发挥，能够切实增强思想政治教育的实效性。所以，认真分析和探讨新媒体对大学生思想政治工作所产生的影响，是新媒体时期首先需要做好的工作。

一、新媒体时代大学生思想政治教育面临的机遇

（一）为大学生思想政治教育提供了更为广阔的平台

传统的高校学生思想政治教育工作是以课堂为主要平台，辅助以交流会、面谈等形式，手段比较单一，还受到时间、场地的局限，常常会出现了解不到真实情况或掌握不了关键问题，因而收不到思想政治教育成效的情况。而新媒体技术则为高校学生创造了一个全新的思想政治教育平台，使思想政治教育工作者有了更多了解学生思想状况的渠道。老师和同学微博互粉，QQ、微信互加好友，在虚拟的世界中，大学生能够不受任何拘束、随心所欲、敞开心扉地表达自己的情感，让从事思想政治教育工作的老师能够一目了然，而新媒体超强的互动性让老师能对出现的问题给出及时有针对性的指导，能够根据大学生的各种心理需求，有效地实现先进思想、先进文化的引导与传播，帮助学生培养正确的人生观、世界观和价值观。当前各高校思想教育部门纷纷建立自己的微博、微信公众平台，以便于更广泛地开展思想政治教育活动。

（二）为大学生思想政治教育提供了新的载体

大学生思想政治教育的方式分为显性教育和隐性教育。显性教育主要包括课堂教学、交流会、先进事迹报告会、谈心等形式，是指通过有意识的、外显的、直接的活动让学生受到有形的政治教育。显性教育在我国的思想政治教育工作中起到了举足轻重的作用，促进了我国思想政治教育事业的长足发展。隐性教育则常采取“迂回”“渗透”的教育形式，而不直接作用于受教育者。它在日常生活中渗透教育内容，用春雨润物和潜移默化的

形式对学生的思想、感情、道德观念、生活态度形成影响。在新媒体时期，高等学校从事思想政治工作的人员应当利用互联网上重大的国际、国内新闻事件来对大学生进行隐性思想政治教育。教育工作者可以通过组织事件沙龙或在论坛提出主题讨论的形式，与同学们形成一种双向互动的局面，在这个过程中，大学生思想政治教育的要求就在无形中传递给学生们了。

高校要使用好新媒体大量的信息资源搭建有效信息平台，用大学生喜闻乐见的形式，实行有目的的、有说服力的宣传教育活动，在快乐的活动中渗透党的路线方针政策、科学理论教育。还要运用新媒体快捷方便的传播形式微信、微博、贴吧、QQ 等与大学生交流，及时发现他们中的问题，提升工作效率，增强与他们的感情交流，努力使思想政治教育载体从平面走向立体，从静态变为动态。

（三）促进大学生思想政治教育主体性的发挥

由于信息技术的快速发展，以学生为主体、老师为主导的新型师生关系正在形成，新媒体条件下大学生的主体性有了更大的发挥空间。

第一，学生选择的自主权有了大幅提高。借助新媒体，大学生能够灵活选择相关内容，关心信息的发展，使认知知识的过程由静态走向动态、由平面变为立体。在内容的选择上，因为新媒体搭建了一个强大的接收、传播和展示信息的平台，高校的学生能够根据自己的需要制定内容，摆脱了过去学习内容由教师决定，学生不能选择的束缚。在新媒体平台“每个人都是媒体人”，他不仅仅是信息的接收者，也是信息的生产者和传播者。大学生可以根据自身的认知和兴趣来调整接收信息的顺序和创造新的信息的过程，做到了由被动接收信息到主动提炼并控制传播的改变。这就有效提高了高等学校学生自主选择的权利，让学生有可能成为学习和创造信息的主体。

第二，高等学校学生的个性得以展现，话语权增强。“00 后”大学生大都是有着独立完整人格的精神主体，十分强调个性的表达。与传统媒体比较，新媒体平台不再有各种妨碍个体展示的障碍，学生每人手里都有一个话筒，让他们真正能表达个性、展示自我，个性得到充分尊重，主体意识充分觉醒。在新媒体开放、自由的环境下，大学生能够随意提出问题、发表意见、拿出建议，在平等地与老师的对话中实现了自我需要的心理满足，让教学相长的教学理念得以践行。

（四）利于增强大学生思想政治教育的实效性

实效性即实践成效或实际功效，思想政治教育工作的预期目的和实际结果之间的张力关系，实际活动结果与活动目标的能否实现以及实现的程度，即实际的效果如何。实效性不仅是大学生思想政治教育工作的出发点，也是其落脚点。就新媒体具有资源丰富、信息容量大、交互性强、形式多样的特点来看，新媒体为高校学生提供了完善人格和个体发展的机遇。新媒体中大量的可以共享的资源，为学生的思想政治教育工作提供了充分的优质资源；新媒体的快捷，为高校思想政治教育工作者大规模地、主动地、便捷地传播先进的思想理论政策带来了便利，防止了信息在传播过程中的失真和衰减。新媒体的平等主体性，促使大学生主动参与对话交流，实现了师生双方的即时交流，使教师和学生之间的交流更为深入更为广泛；新媒体输出的广泛性，让思想政治教育的覆盖面更为广泛，把思想政治教育工作拓展到生活学习的各个方面，推进了高校思想政治工作的社会化，使学校思想政治工作大大提高。

（五）有利于促进形成大学生思想政治教育的合力

高校思想政治教育要形成合力，势必要联合多方的力量，整合各种资源形。新媒体成为形成这种合力的“黏合剂”。

首先，新媒体使大学公关增强凝聚力。当今新媒体逐渐成为高校的“媒介公关”主战场，在高校风采展示中发挥了越来越重要的作用，校园新闻网、BBS、校园微信公众平台、官方微博等新媒体平台，传播内容多样，学生参与积极，对高校建设能起到形象提升作用，同时对于学校自身发展也可起到监督作用，成为高校向外界展示的重要途径。福建师范大学通过构建“五微五阵地”教育平台，展示了高校的独特文化与风采，成为学校的一张亮丽的名片。

其次，新媒体规约舆情形成抵抗力。高校的舆情环境需要一定的抵抗力。在新媒体时代，容易产生不良的网络信息，微信、微博谣言泛滥，一条内容敏感的微信就会造成大学生思想上的混乱、信念上的动摇。因此，一旦出现突发事件，高校的思想政治教育工作者就应该迅速通过各种正规渠道向大学生讲明真相，表明态度，以获得学生的认同理解，通过开设通畅、及时的信息反馈平台，大学生可以将自身或学校发生的情况第一时间反馈给一线的思想政治教育工作者，高校思想政治教育工作者收到反馈后立即关注、解答，在新媒体与传统媒体的共同影响之下，建构一种大的政治思想教育体系。

再次，新媒体搭建大学生网络学习平台形成吸引力。通过网络视频课程的下载和播放，可以使学生在不同地域仍受到相同的教育，而且能通过视频进行网上谈话和网上交流，把现代信息技术运用于大学生思想政治教育。在增强大学生公关凝聚力的基础上，借助抵抗力的作用进一步增强自身吸引力，最终形成新媒体作用之下高校学生思想政治教育工作合力。

二、新媒体时代大学生思想政治教育面临的挑战

（一）挑战传统思想政治教育教师的主体地位和权威性

高校的思想政治教育工作是由思想政治教育人员实施的，传统的思想政治教育工作，教育者处于一种权威的优势地位，一直给大学生一种知识广博的教育者形象。通过这种权威上的优势，思想政治教育工作者得到了受教育者的尊重、信任和支持，这样使得教育活动得以展开。

在传统的思想政治教育过程中，教育者比较容易树立权威。一是因为知识的更新和流动速度慢，二是知识相对比较封闭。在新媒体时代，教育工作者的信息优势已经失去，网络的平等性、交互性对思想政治工作人员的权威提出了挑战。并且，大学生在校期间的学习能力处于相对较强的时期，学习和接收信息知识的速度和能力都比较快，有些话题或信息，可能比高校教育者掌握得更快、更加全面，导致高校教育者处于相对被动的地位。新媒体技术的特点就是受众的相互联动，基于新媒体，大学生的学习不再容易接受思想政治工作人员的教育灌输，而是渴望通过对话进行交流。大学生通过网络可以查到各种公开或内部、或真或假的信息，而教育者有时却处于信息的劣势地位。常常可能教育者所说的“新鲜事物”，大学生早已知道，而大学生嘴里传达出的新名词，教育者却是闻所未闻。在这样的情况之下，传统的思想政治工作过程中教育工作人员的信息优势已经减弱。目前的一线教育工作人员，还没有深刻地理解新媒体条件下思想政治教育工作的新规律、新特点，所以不容易运用新媒体展开思想政治教育工作，使得思想政治教育工作者的主导地位和权威性受到了强烈的冲击。

（二）新媒体的开放性挑战大学生思想政治教育

开放和自由即互联网的灵魂和精髓。一直以来，意识形态、舆论导向的斗争在国际国内都存在，并有愈演愈烈之势。习近平总书记在 2013 年 8 月的全国宣传思想工作会议上着重指出：“能否做好意识形态工作，事关党的前途命运，事关国家长治久安，事关民族凝聚力和向心力。”2019 年 1 月 25 日，习近平总书记带领中共中央政治局同志，来到人民日报社新媒体大厦，就全媒体时代和媒体融合发展举行第十二次集体学习。习近平总书记在主持学习时强调：“推动媒体融合发展、建设全媒体成为我们面临的一项紧迫课题。我们要因势而谋、应势而动、顺势而为，加快推动媒体融合发展，使主流媒体具有强大传播力、引导力、影响力、公信力。”

（三）挑战现有大学生思想政治教育内容

高等学校的思想政治工作内容，不但使思想政治教育的性质得以体现，也是教育目标和任务得以实现的重要保证。由这种模式而产生的教育内容的最大好处就是可以与教育目的永远保持高度趋同性和一致性，它的不足之处就是产生教育内容的平面化和静态化，特别是忽略了对他们的内在的和个性的要求。走进新媒体时代，大学生接收信息的渠道更为广阔，主流信息与非主流信息，他们都可轻松地从新媒体中获取。因为受到文化多元化的影响，学生对所谓自由言论和无拘无束的表达表现出极大兴趣，诱发出了原始的个体精神和心理的叛逆，表现出对所受的说教和既定的道德规范的反叛。新媒体因为它表达的交互性、传播的及时性、言论的自由性和内容的随意性对目前高校的思想政治教育工作的主体内容形成了挑战。

第三节　新媒体时代大学生思想政治教育的优化策略

在新媒体不断发展的今天，大学生们的学习生活模式、世界观、价值观正在发生着改变，随之变化的还有大学生思想政治教育的内在与外在环境。在这种形势之下，高校大学生思想政治教育面对的挑战是前所未有的，面对这些新形势，如果还用旧的方法必定无法跟上时代的潮流，不能让思想政治教育跟上这个时代。所以，大学生的思想政治教育必定要直接面向挑战，努力创新，在给予事物发展规律足够的尊重的前提下，努力找寻新方式，发掘新思想，尝试新内容，开拓新媒体视域下大学生思想政治教育的新局面。

一、新媒体时代大学生思想政治教育指导理念的优化

（一）坚持以社会主义核心价值观为理论指导，优化新媒体传播环境

伴随着新媒体影响持续扩展，紧跟而来的就是思想政治教育工作人员的权威没有了，大学生的沟通方式转变了，国内主流意识形态受到了挑战，这给大学生的思想政治教育带来了大量的问题。新媒体环境内，所有个体都是相对独立的自由个体，他们不再受到监管，因此高等院校的学生会接触多样化的价值思想，也让他们的价值选择出现混乱与迷茫。所以，新媒体形势下，必定要强化社会主义核心价值观的引导作用，从而让新媒体传播的环境得到优化，新媒体的思想政治教育得到革新。

培养高素质的人才，不但是国内教育界关注的话题，也是开展高等院校思想政治教育

的本质目标。2013 年 12 月 23 日，中国共产党新闻网公布中共中央办公厅印发的《关于培育和践行社会主义核心价值观的意见》中指出：“把培育和践行社会主义核心价值观融入国民教育全过程。”在国民教育中，高等教育也是一个关键的构成部分，将培养和践行社会主义核心价值观加入高等院校思想政治教育的整个过程之中，是贯彻文件精神的必然追求，是强化大学生价值理念教育的实效性与针对性的时代要求。如今的高等院校的学生，尤其是刚刚迈入高等院校大门的学生，他们的人生理想、价值理念既是稳定的，又是发展的，还有失之偏颇的方面，这就要求在对大学生进行思想政治教育时，要以社会主义核心价值观为主导，始终用一元引导多元。高等院校要持续探索如何进行融入，充分运用新媒体优势，将社会主义核心价值观用差异化的形势过渡成大学生思想理念与道德质量的标杆与灵魂，让大学生形成一种坚定高尚的理想与信念，继而在传播源头方面将新媒体传播环境优化。

（二）真正实现新媒体思想政治教育与现实思想政治教育相结合

在现实世界中，新媒体给人们打造了一个虚拟化的世界，给人们的生产与生活打造了一个虚拟化的空间，然而不管是现实社会，还是虚拟世界，都依托于人类的生产与实践，两者的关联与互动性立足于共同主体的实践之中。学校网络社区就是新媒体虚拟空间和现实社会关联和互动的鲜明证据，彰显了思想政治教育把虚拟和现实结合起来的必然性。

第一，学校新媒体网络空间是实际生活中学生社会沟通网络与技术网络互动形成的。在大多学校新媒体网络社区内，不仅出现很多有共同追求而形成的网络组织，同时现实生活中很多正规与非正规的组织都有其所属的 QQ 群或微信群，网上党团组织也有自己的党员小组群和支部群。上述网络组织因为在现实生活中有稳定的组织构架，带有较强的凝聚力，所以可以在新媒体空间中吸引并影响高等院校的学生，在思想政治教育方面也能做出较大的贡献。新媒体网络组织的打造与其教育意义的发挥和实际生活中的组织打造有着紧密的关联。实际生活中，组织打造得好，就意味着新媒体中的组织也有着强大的战斗力与凝聚力，继而有助于新媒体政治教育工作有序开展，新媒体组织的发展也可以推动实际生活中组织的完善与提升，线上线下的组织打造互相支撑，必定可以强化思想政治教育对大学生的凝聚与团结作用，有助于达成教育实效。

第二，伴随着新媒体在实际生活中的运用逐步普遍与深化，新媒体空间慢慢成了大学生日常学习与生活中必不可少的构成成分。学校网络空间不仅担负着现实生活的实际内容，同时也持续产生新的生活方式，形象而细致地彰显了大学生文化生活的革新。展开新媒体思想政治教育，应当在网络和实际生活的关联和互动作用中探寻研究并寻求解决各类问题和矛盾的办法，进行教育的时候，不仅要在网络上展开交流和沟通，用语言疏导从而解决矛盾，也要在实际生活中找寻问题的起因，有针对性地展开教育。

（三）正确树立“以生为本，重视个体”的教育理念

个人得到尊重的需求是个体比较高等的需求层次，满足个体对尊重的需求是思想政治教育可以获得实际成效的关键保证。从事思想政治教育的老师应当具有以诚待人、以理服人、以情动人的态度和平等、民主的方法。在新媒体背景下，大学生思想政治教育必须树立“以生为本，重视个体”的教育思想，希望获得较好的工作成效。

首先，必须遵循大学生思想政治教育总的规律，掌握新媒体的未来发展方向。在新媒体教育方法、教育内容、教育环节、评估指标、活动载体等方面的规划与施行上，都必须顾虑到是否可以真正将大学生的思想以及其内心的质疑解决。

其次，新媒体教育过程中，应当尊重学生在思想引领过程中的主体地位，强调学生具有自身的尊严和人格，重视情感因素的作用。尊重学生主体定位，关注如何选取教学内容与教育方法，从而给高等院校的学生供应比较系统化的信息资源。新形势下，高等院校思想引导的科学效率的发挥，必须在坚守党的方针、政策与路线的基础上，持续完善思想政治教育的内容框架，展开对应的教育活动。

再次，要引导学生的自我教育，最大限度地发掘学生的主动性。在新媒体时代，由于大学生选择和使用媒体的目的性和主动性更强，内容选择更具个性化，学生个体行为、个体选择能得到充分体现。在这种背景下，为了增加思想引领的有效性，就必须尊重学生个体差异。

二、新媒体时代大学生思想政治教育内容的优化

新媒体技术引入信息方式的拓展，新理论与新技术的引进给思想政治教育供应了全新的思维路径。从事思想政治教育的工作人员依托于新技术，较好地跨过了沟通交流的时空限制，让教育资源得以共享，使思想政治教育全民普及成为可能。所以，新媒体给高等院校从事思想政治教育的工作人员供应了十分新鲜也十分充实的素材，有利于大学生思想政治教育内容革新。新媒体对高等院校思想政治教育工作的内容创新主要有以下五个方面：

（一）积极引入时效性强的内容

新形势下，高等院校的学生追求个性的发展，从事思想政治教育的老师必定要按照学生差异化的特点，定制差异化的工作目标，规划教育内容，及时展开教育与引导，同时要跟上时代形势，密切关联大学生的思想实际与身心发展规律，将新闻性、时效性和传统思想政治教育嫁接起来，敦促大学生重视思想政治教育工作，把国家发展、社会焦点、民生

百态、优秀典型纳入思想政治教育工作中，让这些成为最鲜活的教育素材。例如可以发挥先进典型的示范作用进行思想政治教育。在思想政治教育中，榜样教育可谓是最直接、最简明的教育方法，教育者要到学生中间收集可用的素材，真正从学生的周边生活中选取最合适的教育资源。从事思想政治教育的教师要坚持由差异化视角与层次着手塑造先进形象，依靠生活化的典型动力，增强思想政治教育的感染力和号召力。

（二）科学开发多层次的内容

选择并判定个体从本质上说就是将个体的品德进行社会化，其意义是不但让社会规范融入了个体，同时也让社会意识得到充实，让思想政治教育引入了更多的内容。有研究者提出，可以把思想政治教育内容划分成三个部分，且围绕这三部分科学开发并达成教育内容的创新：

第一部分是资源核心，也就是高等院校思想政治教育课程。这是开展思想政治教育最主要的途径，教师可以充分利用校园课程资源最大限度开展新媒体道德教育。

第二部分是和核心内容相适应的背景理论的阐述与评价，比如案例典型、参考资料与有关的网络链接等。

第三部分是核心内容拓展，比如网络公开课与名师讲座等。伴随教育内容的持续深化，新媒体发挥了更大的优势，融入整个教育环节中，打造了一个传统教育内容和新兴教育方式相融合的教育机制，让教育职能真正得到了优化。

（三）不断夯实内容指导性

新媒体具备的一个显著特性就是开放，针对新时代产生的新形势，面对的新问题，要坚持把社会主义核心价值观的教育、科学的教育、人文的教育、组织合作意识的教育加入大学生的思想政治教育框架内，强化教育引导，关注打造信息传播的伦理规则。

（四）重视内容服务性

思想政治教育的本质核心是让高校学生理想与价值追求等方面出现的问题得以解决，针对高校学生追寻个性化拓展的特征，要善于利用新媒体方式及时且高效地解决学生心理健康问题，通过新媒体优势让学生的思想与实际问题得到解决。构建“分层教育，分众教育”的因材施教新手段，关注所有学生，充分尊重且信赖学生，帮助学生解决其学习与生活中遇到的困境；要引领高校学生形成科学的价值理念，让其能够明辨是非，分清美丑与善恶，能够抵制各种诱惑，能够调整自身心态、控制言行，使自己合乎社会主流价值评判标准。

（五）传递正能量

新媒体时期的思想政治教育必须根据大学生的成长需求而开展，尊重并提倡大学生的独立性、自主性、创造性以及能动性，展示其青春的一面。跟传统媒体比较，新媒体的思想政治教育工作更应侧重在复杂网络氛围中传递正能量。教育者要重新考虑大学生的思想政治教育承受规律，掌握并熟悉学生的生理、心理以及学习成长的特征和过程，利用新媒体手段给他们指引，输送正能量，从而让学生的整体素质得到全面的提升，要拓展学生的思维空间，让思想政治教育的个性化价值与社会职能充分获得展现。在强化和大学生沟通的前提下，还应当用多向思维和多元化的交流方式与人文关怀，以未来发展的眼光，针对学生的情况预测未来的发展动态，降低大学生某些思想、行为偏差造成的不良影响，让大学生在富有青春的教育工作中得到正能量，持续发展并进步。

三、新媒体时代大学生思想政治教育环境的优化

新媒体环境是继政治环境、经济环境、文化环境之后的又一个与人类生活息息相关的社会环境因素。目前大学生思想政治教育已经绕不开新媒体这个大背景，新媒体环境系统运行状况如何、生态环境是否良好，将影响大学生的成长成才。

（一）积极完善新媒体相关法律

随着新媒体技术的不断发展，我国社会发生了翻天覆地的变化，在高校领域部分负能量有滋生、泛滥之势，这些不良信息对大学生的道德、思想、政治意识与价值理念的科学形成造成了负面的影响，更有甚者，在不良信息的唆使下，个别大学生被狭隘的眼前利益所驱使，铤而走险走上了违法犯罪的道路，给自己的人生、家庭和社会造成了极大的伤害。在这样不利的局面下，高等院校思想政治教育原先的灌输与说教形成的效果已然十分微弱，唯有依赖法治，再融入思想层面的教育，共同产生作用，方能抵制并澄清大学生认知与思想上的混乱，有助于弥补思想政治教育依靠说教等方式带来的执行力弱的缺点，促进高等院校思想政治教育工作有序展开。

法律制约和思想政治教育工作是互相支撑互相辅助的，其在引领个体行为与保障社会发展方面，互相作用、互相补充且互相支撑。高等院校思想政治教育较为强调潜移默化，强调学生自主感悟，主要以号召方式影响学生。一般情况下，高校思想政治教育具有明显的有效性，这种有效性融入大部分受教育个体中，但是对缺少道德觉悟与追寻的个体而言无法发挥足够的成效。法治却不一样，其不但可以利用具备强制力特征的法律手段给予那些不遵守道德规则的个体以惩罚，维护道德规范秩序，也能够利用给予表彰、荣誉等方

式，支持人们追寻更高层次的道德，这对提升思想政治教育实效大有裨益。

政府立法与学校规章同行。通过政府的立法，可以规范新媒体的行为，净化新媒体环境，对于不文明、有伤道德的行为进行教育或是惩罚。引领大学生健康、自然、科学地运用新媒体，只有政府部门的立法是不够的，不同的高校都有自己不同的传统和实际，所以，在进行立法“一刀切”管理的同时，各高校还应该因“校”制宜，不失时机地制定新媒体管理条例、行为准则，用以规范高校思想政治教育工作。这样通过以政府立法为主、高校配套相关规定为辅，就能够全方位构建起高校思想政治教育的法律屏障。

习近平总书记提出，坚持主要用正面宣传方式传扬思想道德，是思想政治工作必定要遵循的总方针。这为高校的思想政治教育工作与舆论宣传工作指明了方向，积极宣传政府法律、普及法律意识、让法治观念深入人心是高校思想政治工作者的责任和义务。在进行思想政治教育的过程中有法可依、有法必依、违法必究，才能有效净化新媒体环境，避免大学生因为新媒体使用不当而出现的违规违纪现象的发生。在面对一些不文明行为或发现一些不良信息通过新媒体传播的时候，高校应该占领“舆论”制高点，利用法律武器，通过必要途径对不良信息实行有效管制和封堵，坚决杜绝不良信息和不良现象的传播与扩散，净化新媒体空间环境，为大学生成长成才和树立正确的人生观、价值观提供有效的法律保证。

（二）健全校园新媒体管理制度

行政约束行为，是指相关部门为保障社会和他人的安全对具有某种可能危害社会、他人或本人安全情形的自然人所采取的短时间限制其人身自由的行政措施。十年树木，百年树人。培养出全面健康发展的为社会所需要的优秀人才，既是国家对人才的需要，又是高校的光荣使命。随着新媒体技术的发展，现实生活中有许多不良的风气侵蚀着大学生的思想，这些不良风气一方面影响着大学生科学的人生观、世界观与价值观的形成，另一方面阻碍了高校全面、健康、稳定发展的步伐。因此，高校要运用一定的行政手段、行政措施来约束规范大学生的行为，并以此来协调大学生与大学生、大学生与高校、大学生与社会之间的关系，以确保大学生养成良好的思想道德品质和行为习惯。

新媒体技术的发展，使得高校思想政治教育工作的复杂性和艰巨性增加。在思想政治教育过程中，高校要建立健全突发事件应急管理机制，务必做到组织机构健全，人员定岗定位，责任分工明确，唯有事前控制，方能尽可能预防并管控风险，保障教学秩序与生活秩序常态化，保持校园稳定。应对与遏制不良信息的泛滥传播任重而道远，具体说来，包含下述几点：

首先，打造高等院校舆论风险应急处理团队。新媒体让人们在较为轻松的环境中接受并传播信息，无论是否有用，无论是否正确，无论是否符合时代潮流，各类信息环绕在大学生周围，对此要有清醒的认识，如果处理得不好，就会使学生是非思想模糊，社会责任意识削弱，易于使学校与社会政治出现不安定现象，从而让高等院校思想政治教育的困难程度明显增加。由于大学生心理发展仍处在不够成熟的阶段，在各种信息的撼动下，心理素质显得捉襟见肘，加之从众心理同样较为普遍，如此，难以理性化地处理那些敏感的问题，易于致使事态发展得越来越严重，形成极为严重的负面影响。高等院校可以通过组建舆论危机处理团队、制订校园舆情应急预案、建立大学生心理档案等措施，在面临应急事件的时候，可以立即开启应急处理预案，对身处其中的学生展开引导与疏通等方面的心理干预。在事件还没有完全爆发前，要利用相应思想政治教育论坛与网站，发布科学且权威的信息，在还原事件真相的同时，能够让大学生了解事态变化，稳定大学生情绪，稳定校园环境。同时也要借助社交媒体掌握大学生的思维发展趋向，引领大学生科学看待敏感问题，让新媒体环境得到净化。应急小组成员的筛选过程一定要本着慎重、认真的态度，选择高校中那些政治性强、思维清晰、处理事情理性的学生干部和学生党员。高校偶发事件的形成与发展都是渐变性的，所以，高等院校要提升应急机构组织人员的危机传播与管理认知能力，确保信息系统畅通，加强管理人员的危机传播管理知识教育和系统培训。同时建立健全组织体系，达到人员管理的常态化，这是高校行政干预的保障。

其次，高校要建立舆情监督部门，监督即立即发现并纠正执行过程中出现的错误与偏差。应对高等院校的舆论，要打造科学的规章制度，确认每个岗位人员的具体责任，形成完善的岗位职责机制，且经常展开核查，找出各类问题，发掘其形成原因，立即采取措施进行纠正。监督同时包含针对教育与教学的监督，这样的监督，未必只有监督与考核的方面，也包含调整计划、检查制度等内容。监督的主要手段有检查、评比、总结、考核、教育和鼓励。为了能够立即找到问题并加以解决、减少亏损，一定要打造科学的、灵活的信息反馈机制。同时对于利用新媒体所发布的信息，高校舆情监督机构应该展开严谨且细致的核查，强化效率化信息的过滤与整合，在特定的范围中强化内容的实效，提高所有信息的价值与质量。这种舆情监督机构的建构，一定要确认人员分工，规范审核流程，提升审核工作效率，保障产生问题之后可以立即反馈，效率化改善，加强审核机制的执行力度。

再次，发挥学生干部以及学生党员的主体性作用。学生干部以及学生党员在信息传递与扩散的过程中作用非常大，他们也是信息可否效率化传播的关键环节，高等院校能够利用必要行政方式，培育一支思想意识更高的学生干部以及学生党员队伍，利用发布适应主流意识要求的有关信息，和大学生展开沟通与交流，以防部分个体与机构利用敏感问题制造社会矛盾。高校的思想政治教育工作不能够一味地消极防守，也要适时地主动出击，把握话语权。这个过程中，还要不断强化学生党员干部的主体意识，提高学生党员干部的思想政治素养，搭建学生党员干部的活动平台。

四、新媒体时代大学生思想政治教育途径的优化

在科技迅猛发展的时期，媒体同样用异于常态的速度逐步多样化且多元化。新媒体成为一种持续给大学生供应大量信息的媒介，这让大学生在虚拟空间中和他人交流与沟通有了平台。此外，也让大学生的思维受到了较大的冲击，长期沉迷其中，导致明辨是非的能力缺失，社会现实与虚拟世界混乱。因此高等院校必须强化学生的媒介素质教育，始终践行高等院校是主要场地、学生是关键对象的媒介素质教育思想，让理论教育、技能教育与品德教育合而为一。

在过去，人们已发现要想获取并解读各种形式的媒介信息，必须具备一定的条件与能力，即需要一定的传媒素养。传统的传媒素养主要包括听、说、读、写等能力，以及批判性地观看、收听并解读各种信息的能力。20 世纪 90 年代初期，美国传媒界给媒介素养下的定义是：应对传媒的各类信息时，人们的理解、选择、掌握、质疑、评价、制作、创造以及反思技能。新媒体的发展要求现代人具备新的媒介素养，新媒介素养被认为是当代优质公民所应具备的基本素养之一，也是大学生的必备素养。

（一）不断提升大学生的媒介素养

1. 高校培养大学生媒介素养的必要性分析

媒介素养不是单一化的素养，而是综合化的素养。大学生的媒体信息能力包括新媒体应用的能力，获取、分析、传播信息的能力等。

第一，高等院校应当担负起帮助其学生认知并掌握新形势下的媒介与媒介信息等基本概念，明辨媒介与媒介信息的不同职能，继而达成更好的认知，这有利于大学生避免循着猎奇心闷头摸索与追寻而步入误区。另一个层面上说，大学生在应对更新周期较短的新媒体的时候通常会显得不知所措且盲目，这也许会导致学生无法较好地运用新媒体继而让其陷入窘境。高等院校是一个十分关键的载体，应该重视这个问题，帮助学生掌握新媒体使用与运转程序，避免其陷入新媒体使用的误区。这不但可以帮助学生更好地运用媒体，把自身所掌握的理论科学地运用在实践活动中，同时也可以帮助学生形成理性与科学的认知。总的来说，高等院校这样一个学生媒介素养教育的关键阵地，在培育学生媒介素养方面所发挥的作用是无可取代的。

第二，树立正确的网络道德观念，对提升媒介信息精准判定与使用的技能。新媒体时期的来临给大学生带来大量诱惑，也形成了思想上的强烈冲击，大学生原本就有着较强的猎奇心理，这会让他们在应对大量媒介信息时不能做出精准的判定，从而在使用媒介信息

的时候陷入窘境。所以，高等院校应当立即做好防范措施，设定专门的课程指引学生，让学生形成正确的价值理念，继而对媒介供应的问题与事物做出精准的判定，提高其媒介素养。大学生是正在接受教育的特殊人群，能够对社会产生较大的影响，他们的媒介素养一旦失去平衡必定会让许多其他人群的媒介素养也受到影响。只有高等院校的学生精准地判定了媒介信息，科学地筛选了媒介信息，方能让媒介信息在现实实践中获得引导且理性地投入使用。

第三，运用法律手段保障自己与他人权益的技能。高等院校的学生是个比较特殊的群体，他们正在接受各种高等教育，了解专业化的理论和技术。他们会对社会发展直接产生重要影响，甚至在部分领域还能发挥指导作用。所以，大学生发展是否健康应当受到社会各界的重视。特别是处于科技迅速发展的新媒体时期，高等院校的学生应对多且杂乱的媒介信息的时候产生的无所适从与盲目的状态，严重的时候，部分发布错误信息的人会对学生展开错误引导，导致大学生做出与自身身份不符甚至危及社会安全的行为。因此，高等院校必须能够执掌法律与道德力量，强力抵制那些散发不良信息或虚假信息的人。此外，大学生若是由于浏览部分信息或泄露部分信息而让其本身权益与他人权益遭受威胁，应当使用法律武器展开维权行动，从而让权益得到维护。高等院校也应当在课堂上给学生普及有关的法律知识，进行针对性的媒介素养教育与规范的指引，继而使学生学会辨明媒介信息，判别信息真假，规避负面影响。这有利于新媒体时期强化大学生使用法律武器保障本身权益与他人权益的技能，继而保障整个社会的和谐稳定。

2. 培养大学生媒介素养的途径

首先，将媒介素养教育课加入大学生普通教育之中。现阶段，国内高等院校的教育中仍然很少用媒介素养教育进行课程设定，即便部分课程稍有涉及，也不过是在课程目标方面更关注技术与技能方面而没有关注媒介素养提高这类问题。媒介素养教育必定要纳入高等院校的课程框架，广泛设定媒介素养教育课，或是在相关学科内纳入媒介素养教育内容，成为大学生普通教育的其中一项构成成分，而课堂是大学生媒介素养教育的关键阵地。根据大学生媒介素养情况，要建立高等院校媒介素养教育内容机制。设定媒介素养教育课，关键点应当彰显在下述三点之中：第一，有关大众传媒基础理论的教育。此项教育重点是让高等院校的学生掌握基本的媒介理论并认知媒介环境是如何产生的。第二，有关媒介行为道德教育的内容。高等院校媒介素养教育课中，纳入媒介信息道德教育内容，能够让大学生在制作信息、传播信息、接收信息的过程中形成并加强道德认知与自律认知，让大众传媒环境得到净化。第三，有关媒介运用技能的教育。选择媒介信息并进行处理，运用大众传媒参加社会管理并保障自身权利等。重点在于让大学生形成大众传媒工具认知，将消极媒介应用淡化，使大学生形成科学的媒介思想，创新性地运用媒介信息，达到自我价值的提升。

其次，强化大学生媒介实践锻炼和思想政治教育。对大学生进行媒介素养教育，课堂教育是主阵地，社会上的实践则是课内教育的有效伸展，是教育由理论层面迈入实践层面的伸展。社会实践的目的是十分明确的，始终跟随课堂教学内容而开展。组织大学生进行社会实践时，一定要按照媒介素养教育的要求，提早做好社会实践的规划，防止出现自由、散漫、无序的现象。充分运用学校网络媒介，展开大学生媒介素养教育的实践。高等院校是传递科学理论与现代化技能的关键阵地，其媒介资源是十分充足的，这类资源包含学校报刊、学校电视、学校广播以及学校网络等，这类传播媒介本身就距离学生很近，信息容量大，能够辐射较广的范围，是学校中教师与学生获取新闻的关键途径，受到教师与学生的一致青睐，所以，要把学校媒介视为展开媒介素养教育的一个主要平台。把媒介素养教育和高校思想政治教育紧密联系在一起。媒介素养是21世纪高素质人才必须具备的基本素质，强化大学生的媒介素养教育是新时期高等院校思想政治教育的关键措施，同时是紧跟时代潮流展开高等院校教育革新与发展的必走路径。因此应该利用思想政治课程以及新闻学、心理学、传播学、社会学等有关课程加大媒介素养教育力度，推动媒介素养教育和相关理论课程实现全面的互动与关联，让媒介素养教育课融入更多学生的课程学习中，使更多学生能够在课堂内接触此种教育。

再次，创设良好媒介素养培养环境。一是从高校方面来说，要切实改善校园网络环境，为大学生营造良好的媒介素养教学氛围。要将学校媒体优势与作用充分发挥出来，关注学校舆论传播，通过各类传播手段与宣传方式给学生创设一个理论、技能以及理念全面的文化环境。建立好网络素养培育的网页或网站。强化对学校内网的监控，给学生创设一个健康安全、秩序化的网络环境。二是媒体要肩负好舆论引导责任。媒体应当发挥政治引导、社会职责、文化打造三方面职能。新媒体时期，同样的话题不断涌现，纷纷抢着报道，这让主流价值引导失去了其效用。应对网络公众环境与私人环境不断交叉重合这一类新情况，媒体应当履行其社会职责，约束自身言行，提升媒体队伍的专业素质与服务质量。媒体应避免过度追求经济利益而使报道的水准降低，过度夸大娱乐成分却忽略了道德层面的教化意义。三是政府要完善好网络监管职能。改进当前所处的信息环境立法缓慢、未能系统化的情况，提升网络监管的法律维护力度。建立经营服务法律机制，落实职责，实施网络行业市场监督与管理，加强网络从业者普法认知，打造客户文明上网条件。加强堵截与过滤技术的开发与运用，让信息纯度得到净化，网络运行风险降低。寻找技术支撑，打造安全防御体制，利用防火墙将垃圾信息与杂陈信息过滤掉，利用加密方式制止隐私外泄，保护用户信息安全。四是家庭应当在教育中发挥辅助作用。家庭是所有人启蒙教育的初始阵地，应当利用家庭氛围的影响，发挥表率教育作用。寒暑假期间，发挥家庭监督作用，让孩子的活动限定在一定范围内，供应安全的上网环境，培育其健康使用网络的认知，支持他们多参与有价值的社区活动，培育社会适应能力与信息伦理行为。

（二）不断提升思想政治教育工作者的媒介素养

思想政治教育工作者是教师队伍中一个特殊群体，他们的任务是培养学生的思想、精神与人格，而不仅是知识或技能的传授，不仅要着眼于学生信仰的确立、价值观的塑造，还要关注学生的个体精神成长。在新媒体环境下，不断完善、提高自身的媒介素养对于思想政治教育工作者而言尤其重要。

1. 思想政治教育工作者媒介素养的构成

所有的现代公民都应具有一定的新媒介素养，以适应现代社会生活的需要。但对于不同的职业群体，其媒介素养含义同样存在差异。对从事思想政治教育的教师来说，除了个体媒介素养外，还应具有职业媒介素养，即教师在教学中有效利用媒介资源的能力、帮助学生提升媒介素养的能力等。

第一，不断发展的现代教育观念。一是更新人才观。思想政治教育着重于“人”的培养，以“育人”为根本任务，这就需要我们的教育者具有新的人才观。在传统人才观的内涵之外，新媒体环境之下尤其要重视培养学生具备个体精神的开放性与包容性、自主学习与自我建构的能力、自律自觉和扬善避恶的个性品德。二是转变教学观。传统的教与学的观念是教学以教师为中心，学生的学习主要是被动接受与记忆。新媒体环境下，教师要改变教学观，改变过去教师“满堂灌”、学生被灌输的单向教育模式，一方面要利用新媒体技术图文并茂、声情交融的特点，提高课堂教学效果；另一方面，利用现代信息传播快速、交流便捷等特点，最大限度地调动学生获取信息的主动性、自主性与参与性，增强思想政治工作的吸引力与感染力。三是重建师生观。社会主义市场经济推动着社会变革，也更新着过时的观念，培养着社会成员的自我意识与独立人格，呼唤着平等意识；而新媒体技术的发展也使人们更有条件平等交流交往、平等占有享用信息。于是，新媒介素养教育要求重塑教者与受教者的双边关系，随之，树立新型师生观成为教育界的共识。思想政治教育工作应当顺应时代发展，树立新型师生观，倡导师生之间民主平等，相互尊重，相互学习，共同发展。教师与学生互相成为对方信息的传播与接受方，互相成为政治教育的教育与被教育主体，双方分享彼此的思考与经验，交流各自的情感与体验，形成协同学习、相互促进的模式，建构起民主、平等、和谐的师生关系。

第二，可持续更新的新媒体技术。新媒体环境对于教育者提出了新要求，有研究者提出，要打造一支与新媒体技术发展相适应的高素质的思想政治教育工作队伍，这支队伍需要具备的素质之一是能较好地掌握新媒体技术。一是新媒介的基本知识与操作技术。教育者首先要尽量掌握各种新媒介如计算机、手机及平板电脑等新生代的移动电子设备等的特性和使用技巧。此外，对其他在教学中使用较多的设备也应了解并熟练使用。其次，教育者还应熟练掌握操作以上各种新媒介的相关软件技术。如掌握 Office 办公系列软件技术，掌握简易制作网页与动画的技术，可借助计算机剪切制作音视频资料，等等。二是在教育教学中应用新媒体技术的能力。教师首先要熟悉相关的信息资源库，如各种数据库、多媒体资源库、数字图书馆等，能使用各种媒介工具及现代信息检索技术快速、全面、准确地获取自己所需要的信息。在多种技术手段中，思想政治教育者最常用的便是操作简单、修改方便、便于更新的 PPT 软件，如教师再能融合 Flash、Photoshop 等图片、图像和视频软件工具，就更能增强教学的实效。三是新媒体技术的更新能力。高等教育的对象是社会成员中最具活力的群体——青年，他们思想开放、勇于尝试，与新事物有着先天的亲和与默契。这就要求教育者具有强烈的新媒体技术更新意识和更新能力。如果教育者能够对于青年人热衷的新产品、新技术有相当的了解，就可以充分把握大学生的生活状态与思想动态，如果能将新技术及时地应用到教学过程中，其方法形式契合于青年人的风格与习惯，这将会增强课程的吸引力与感染力。

第三，全面的新媒体信息利用能力。一是教育者媒体信息利用能力的核心是其评析媒体信息的能力。从某种意义上看，所有的媒体信息都蕴含着一定的价值观念与生活方式，所有信息都已被加工建构，其中已渗入了某些意念、解释与结论。批判性地解读媒体信息，要能透视信息背后的意识形态、价值取向、商业意图等，从而对某一信息形成较为准确的评估。为满足职业需求，思想政治教育者还应具有结合政治理论素养、专业理论知识来分析相关信息的素质与能力。在应对社会重大事件与公众焦点问题时，他们更能去伪存真，剔除虚假信息，厘清事实真相，展现出良好的分析评价媒体信息的能力。二是开展媒介素养教育的能力。在媒介素养教育中，教师具有特别的意义。他既需要接受关于媒体生存的培训教育，其中一些人也要参加大学生媒介素养教育工作。我国的媒介素养教育起步较晚，大部分的教育工作都融合到了思想政治教育教学中。思想政治理论教师应侧重培养学生的信息分析能力，教会他们用科学的世界观与方法论来批判、选择、创制媒体信息；督促他们通过信息分析进而形成批判性思维，养成独立思考、自主学习的习惯；引导学生塑造健康人格的同时，规范网络行为，增强信息道德意识，恰当地利用媒体来发展自我。

2. 思想政治教育工作者媒介素养的提高途径

发掘新媒体技术的思想政治教育职能，充分运用新媒体强化思想政治教育成效，提升教师的新媒介素养是前提条件。

第一，开展培训活动，全面提升教师的媒介素养。开展各种培训活动是目前提升教师媒介素养的基本途径。计算机等级考试、计算机应用能力考试等在高校的推行，一定程度上实现了全员培训普及。在培训形式上，应采取专项培训与综合培训相结合。所谓专项培训，指以提高教师媒介素养的专门性培训。综合性培训指在对思想政治理论课教师进行专业培训中穿插安排的培训，其宗旨是从多个方面加强教师队伍建设，提高思想政治理论课教学质量，培训中往往会安排与媒介素养提升相关的专题讲座。

在培训内容上，建议除技术培训外还应进行媒体能力培训、法律法规培训、其他专题培训。应聘请熟悉新闻学、传播学、具有媒体制作经验的传媒专业人才主持参与培训活动，使教师能系统了解媒体信息的制作过程，了解其中的媒体意识形态、价值取向、组织架构、经营管理等深层、隐性内容，了解媒体对受众的影响、控制与导向。加强与媒体素养息息相关的网络媒体管理与规制的法律法规的培训，如《互联网信息服务管理办法》《互联网著作权行政保护办法》等。了解这些有关网络及传媒的法律规范，有利于提高教师的媒介素养，创建良好的网络环境。

第二，开展科学研究，促进成果推广与资源共享。关于新媒介素养对于思想政治理论课程影响的研究才刚刚展开，尚有大量的问题亟待解决。这需要学校及各级管理部门营造科学氛围，划拨基金资助，鼓励教师展开研究以提高教学效果、提升自身的媒介素养。身处教学一线的教师可以结合日常教学，建设课程网络平台，增加师生之间的交流互动。也可以将经典教案课件、精彩教学片段、相关视频资料、学生演讲录像等编撰成系列教辅材料，最大限度地发挥新媒体技术的作用。当今在媒介素养教育、网络思想政治教育方面已取得了不少成果，这些成果一般表现为论文著作、教材教辅资料、实践中的经验总结、数据资源库、网络平台系统等。科研的目的还不应止步于此，这些成果应当及时应用到教学实践之中，在尊重知识产权、保护知识产权的前提下，有关部门应创造条件督促这些成果的推广和资源的共享。

第三，建立评价体系，引导规范媒介素养教育。新媒体环境下，大学教学管理和评价需要加入对教师信息技能、媒介素养的管理和评估，打造一套比较完备的思想政治教育工作者媒介素养评价体系，以规范媒介素养教育的质量。学校要规划投入，建设新媒体技术环境，包括硬件建设和软件建设，比如，提供功能齐全、技术先进、充分满足课堂教学需求的多媒体网络教室；在学校网络教学平台开设思想政治理论课的网络课堂、虚拟校园讨论区等。学校还应通过科研立项、教学评价等手段，鼓励思想政治理论课教师利用新技术进行教学手段、教学模式的探索，形成提高师生媒介素养的良好环境。建立高校思想政治教育工作者媒介素养评估体系，一方面可以引导督促教师积极参加继续教育学习，提高自身的媒介素养；另一方面，也可为相关培训、教师自学提供质量规范标准。评估指标内容应基于三个层次展开：一是观念意识层面，二是技术应用层面，三是媒体信息综合利用层面。观念意识是先导，技术应用是基础，而媒体信息能力则是核心与归宿。

参考文献

[1] 徐嫣然，薛玉琴. 新时代大学生社会主义核心价值观培育路径探究 [J]. 鄂州大学学报，2020，27（01）：77-80.

[2] 王丽，罗洪铁. 习近平总书记新时代大学生思想政治教育理论研究 [J]. 学校党建与思想教育，2019（03）：22-26+68.

[3] 张树峰，魏威岗. 新媒体视域下高校大学生思想政治教育问题研究 [J]. 产业与科技论坛，2018，17（05）：164-166.

[4] 王佳利，马海涛，祖彧. 新媒体视域下大学生思想政治教育的挑战与机遇 [J]. 职教通信，2016（23）：72-74.

[5] 闫婕. 新媒体视域下大学生思想政治教育创新研究 [D]. 太原：山西财经大学，2016：15-45.

[6] 邓晖. 试论新媒体环境下大学生思想政治教育方法创新 [J]. 中国教育学刊，2015（S1）：120-121.

[7] 朱景林. 大学生社会主义核心价值观培育的三个着力点研究 [J]. 思想理论教育导刊，2015（05）：81-83.

[8] 黄艳. 大学生思想政治教育方法创新研究 [J]. 四川理工学院学报（社会科学版），2015，30（01）：34-46.

[9] 张琪. 大学生思想政治教育主体协同系统分析 [J]. 东北师大学报（哲学社会科学版），2015（01）：20-23.

[10] 王振友，赵星，石慧. 新媒体视域下的大学生思想政治教育研究 [J]. 中国青年政治学院学报，2014，33（04）：55-58.

[11] 李丹. 新媒体视野下大学生思想政治教育创新研究 [D]. 徐州：中国矿业大学，2014：25-45.

[12] 覃轶珊. 大学生社会主义核心价值观培育和践行的过程模式研究 [J]. 思想教育研究，2014（04）：56-60.

[13] 吴林龙，王立仁. 论中国梦融入大学生思想政治教育的道路 [J]. 思想教育研究，

2014（03）：48-51.

[14] 王公杰. 当代大学生社会主义核心价值观的培育研究［D］. 曲阜：曲阜师范大学，2014：15-30.

[15] 刘艳萍. 大学生社会主义核心价值观培育路径探讨［J］. 内蒙古师范大学学报（教育科学版），2014，27（01）：41-43.

[16] 李忠军. 大学生思想政治教育目标新探［J］. 思想理论教育导刊，2013（12）：96-101.

[17] 屈艳红，贾德芳. 新媒体视阈下大学生思想政治教育模式创新［J］. 齐鲁师范学院学报，2013，28（05）：23-26.

[18] 邹绍清，李国安，屈宸羽. 社会工作方法在大学生思想政治教育中有效运用的思考［J］. 思想理论教育导刊，2012（06）：98-101.

[19] 李守可. 大学生思想政治教育评价体系的反思与构建［J］. 四川理工学院学报（社会科学版），2011，26（05）：67-70.

[20] 孙鸿达. 高校思想政治教育理论与实践研究［M］. 北京：新华出版社，2015.

[21] 陈月兰. 核心价值观引领大学生思想政治教育研究［M］. 北京：中国商务出版社，2018.

[22] 陈笃彬. 大学生思想政治教育理论与实证［M］. 北京：人民出版社，2011.

[23] 陈万柏. 思想政治教育学原理（第3版）［M］. 北京：高等教育出版社，2015.

[24] 黄德林，邱杰，徐伟. 思想政治教育若干前沿问题研究［M］. 北京：中国社会科学出版社，2017.

[25] 杨绍安，王安平，刘惠. 现代思想政治教育学原理［M］. 重庆：西南大学出版社，2013.